韩国民族宗教运动史

[韩国] 卢吉明 金洪喆 尹以钦 黄善明 著

许明哲 李梅花 译 金 勋 校

韩国

中国社会科学出版社

图书在版编目（CIP）数据

韩国民族宗教运动史/〔韩国〕卢吉明、金洪喆、尹以钦、黄善明著；许明哲、李梅花译. —北京：中国社会科学出版社，2009.10

ISBN 978-7-5004-8318-2

Ⅰ.①韩⋯　Ⅱ.①卢⋯②金⋯③尹⋯④黄⋯⑤许⋯⑥李⋯
Ⅲ.①民族运动－历史－朝鲜－近代②宗教史－朝鲜－近代
Ⅳ.①D731.206.2②B929.312

中国版本图书馆 CIP 数据核字（2009）第 193239 号

责任编辑	雁　声	
特邀编辑	立　早	
责任校对	石春梅	
封面设计	大鹏工作室	
技术编辑	戴　宽	

出版发行	中国社会科学出版社		
社　　址	北京鼓楼西大街甲 158 号	邮　编	100720
电　　话	010－84029450（邮购）		
网　　址	http://www.csspw.cn		
经　　销	新华书店		
印　　刷	君升印刷厂	装　订	广增装订厂
版　　次	2009 年 10 月第 1 版	印　次	2009 年 10 月第 1 次印刷
开　　本	880×1230　1/32		
印　　张	8.25	插　页	2
字　　数	220 千字		
定　　价	28.00 元		

凡购买中国社会科学出版社图书，如有质量问题请与本社发行部联系调换

社团法人　韩国民族宗教协议会

2003 年韩文版

撰　稿　人（按执笔顺序）

卢吉明（高丽大学　社会学科　教授）

金洪喆（圆光大学　名誉教授）

尹以钦（首尔大学　宗教学科　教授）

黄善明（明智大学　教授）

编辑主任　金载完（协议会　事务总长）

校　　对　林泰润（协议会　总务部长）

李赞九（协议会运动本部企划委员）

李吉顺（协议会　总务部）

序

　　这部《韩国民族宗教运动史》是"韩国民族宗教协议会"为纪念其成立 18 周年而编写、发行的，出版于 2003 年。参加本书写作的四位教授，都是韩国当代著名的宗教学学者。

　　本书内容涉及从 19 世纪后半期朝鲜李朝末开港时期开始的"东学"运动，到 1919 年以"天道教"为主导的反日统治的"3·1 运动"，此外还延伸到近些年开展的南北统一运动在内的、有关近代以来韩国民族宗教活动和宗教运动的众多领域。它比较全面地反映了韩国学术界迄今为止在韩国民族宗教运动领域所取得的学术研究成果。

　　与中国一样，韩国近代也受到了来自西方列强的近代化浪潮以及西方文化、西方价值观念等的猛烈冲击，同时更直接地被日本帝国主义的占领统治。这给韩国社会带来的不仅仅是文化上的震荡，而且还带来了国家主权的危机。因此，从日帝时代起，韩国民众就开展了一系列的反抗日本帝国主义统治以及维护民族主体、民族文化的运动。其中，大部分都是通过宗教形式来展开和推动的。然而，由于传统宗教影响力的式微，民众中先后创立了各式各样的新宗教来发展或替代传统宗教，团结民众，唤起民众的民族主体意识，反抗日本帝国主义的殖民统治。

韩国近代民族宗教运动的开展，以 1860 年水云崔济愚（1824—1864）倡导的东学运动为标志。之后，新的民族宗教团体纷纷涌现，如甑山姜一淳（1871—1909）在东学运动展开得最激烈的地区，以参加过东学运动的人员为核心，于 1901 年创立的甑山教；1909 年，弘岩罗喆（1863—1916）以檀君信仰为中心重兴的大倧教；强调后天坤运的晨鸡李仙枰（1882—1956）创立的觉世道（1915 年）；主张佛教教理时代化、大众化、生活化的少太山朴重彬（1891—1943）的佛法研究会（1916 年，现为"圆佛教"）；揭示"天下一气再生思想"的迎新堂姜大成（1889—1954）的更定儒道（1928 年）；强调冷水立法和治病的奉南金永根（1898—1950）的水法系（1943 年）等等。而这些新的民族宗教教团在其发展过程中，又分化出众多的派系，情况相当复杂。

但不管这些新的民族宗教的派系如何复杂，也不管他们的信仰有多么的不同，他们在希望以韩国传统文化来唤起民众的民族主体意识以救国救民这一点上是一致的。也正是由于这一点，韩国的宗教界、学术界，把韩国近代以来的种种新宗教活动，总称为"民族宗教"活动。关于"民族宗教"的含义，韩国学者有明确的界定。如首尔大学尹以钦教授说："民族宗教是韩国自生的宗教，是立足于韩国民族共同命运体之意识、在外来的压迫中寻求自由和荣光的民众运动的开展或具有类似历史意识的宗教。"金钟绪教授认为，"民族宗教"这一术语是在"东学以后出现的，大部分的韩国新宗教重视韩民族的固有思想和传统，为表明其主体意识而使用的。所以与其说它是学术界或言论界使用的术语，倒不如说它是韩国新宗教自身所使用的内涵着强烈民族主义性格"的术语。同时，他还进一步补充说，"就韩国而言，所谓'民族宗教'仅意味着承袭民族之脉络的新宗教，绝不是对应于'世界宗教'意义上的民族宗教"。
（以上引文详见本书第一篇Ⅰ）

由此可见，韩国近代民族宗教运动与韩国近代民族独立
运动、韩国的光复有着密切的关系，后者之中也有着他们所
作出的重大贡献。但是，这些新宗教内外派系林立，矛盾复
杂。1985年11月16日（成立法人社团是1991年12月18
日）由9个系统、31个宗团的代表创建的"韩国民族宗教协
议会"，在韩国民族宗教运动史上有着十分重要的意义。它
把同一宗团的教团统合起来，又把不同的宗团联合起来，从
而把韩国近代民族宗教运动推向了一个新的历史阶段。据
称，至今加入"韩国民族宗教协议会"的宗团有天道教、大
倧教、圆佛教、更定儒道、水云教、太极道、甑山法宗教、
大巡真理会、青羽一新会、圣德道、顺天道、仙佛教、韩民
族佛教，天尊会等。"韩国民族宗教协议会"成立后，在团
结各民族宗教团体方面以及推动对韩国近代民族宗教的研究
等方面，发挥了积极的作用。

近现代世界新宗教问题，已经是各国宗教学者关注的一
个重要研究领域。韩国素有"活的""宗教博物馆"之称，
其近代以来涌现出的大量新宗教现象，更是丰富多彩，充满
曲折艰辛，尤其是他们那种鲜明的民族主体精神等，都是值
得人们去深入思考和研究的。本书中文译本的出版，给我国
宗教学者的研究提供了丰富的信息和资料。事实上不仅如
此，本书不只对研究韩国近代民族宗教有重要价值，而且对
研究韩国的近代文化、政治以及民族独立运动史等，也都有
重要的参考价值。

承蒙"韩国民族宗教协议会"的抬爱，希望我为本书中译
本的出版写几句话。我看完这部译稿后，感到全书内容十分丰

富，四位教授对韩国近代民族宗教的分析也可谓客观、平实，因此，我愿意把它介绍给中国的读者们。

北京大学教授　楼宇烈

2008 年 3 月 14 日

刊 行 词

  19 世纪后半期，西方的近代化浪潮给东亚社会带来了极大的冲击。近代化浪潮带给韩国社会的，不仅仅是文化上的震荡，而且还引发了国家主权的危机。

  韩国民族宗教正是在这种历史的旋涡中作为一种民族主体性的自觉应运而生的。韩国民族宗教以其辅国安民来对抗西方列强的侵略，以民族文化的认同对抗外来文物，以万民平等的解救人类思想对抗腐败的权力，以其宗教之精诚践行天道。

  韩国民族宗教没有屈服于西方列强的枪炮，坚守民族之魂。因此，以武力篡夺主权的日本帝国主义百般试图消灭这支民族抵抗力量。日本帝国主义炮制所谓的"类似宗教"、"是而非宗教"、"邪教"等恶法，并以此为借口，残酷地镇压民族宗教。但是，民族宗教面对日本帝国主义的野蛮行径，毫不畏惧，经受各种磨难，继续坚持民族独立和恢复主权的运动，直至韩国社会摆脱日本的殖民统治。但遗憾的是，光复之后民族宗教并没有受到公正的对待和社会的广泛认可。

  庆幸的是，学术界就近代以来韩国民族宗教运动在国内外的活动状况开展了积极的研究活动，并取得了富有成效的业绩。今天，为纪念韩国民族宗教协议会成立 18 周年而出版发行的《韩国民族宗教运动史》，综合反映了韩国学术界迄今为止在民族宗教运动领域所取得的研究成果。

《韩国民族宗教运动史》是一部从开港时期到"3·1运动",以及包括近些年开展的南北统一运动在内、对民族宗教活动和宗教运动诸多领域的研究成果集大成的学术研究著作。这里记载着为捍卫国家和民族与日寇进行殊死抗争的宗教领袖们的壮烈的人生和坚定的信仰,记载着他们对祖国和民族炽热的情怀。

众所周知,韩国民族宗教是为了韩民族的历史命运而诞生的。韩国民族宗教从来不回避其所面临的恢复国家主权和实现民族独立这一现实课题,始终以主体性的意识来思索民族问题。这种对民族主体性的自觉运动,是以对天道的深刻理解为前提的,故我们称其为"民族宗教运动"。正因如此,这一运动蕴涵并折射出韩国民族宗教的极强的生命力。

进而言之,韩国民族宗教运动并非仅仅停留于民族自觉的封闭式的爱国运动,而是通过不断地拓宽和深化对天道的理解,把民族宗教运动提升为理解和达到宇宙至极的自觉运动。从这个意义上讲,民族宗教这一称谓并不否定"世界性宗教"。对我们而言,民族宗教就是面向整个宇宙的世界宗教。

发端于东学运动的韩国民族宗教,其历史长者不过140余年,短者仅数十年。其历史虽短暂,但我们却拥有一个创立民族宗教的诸圣们所预示的如何生存于未来5万年的教诲,即弘益人间、理化世界;民族主体性的辅国安民;事人如天的平等思想;一圆相真理;儒佛仙、东学和西学合一思想;自我反省、万化归一;开创新的理想世界的解冤相生思想和开辟思想等等极为重要的思想因素和主张。这些是我们民族宗教的宝贵的思想资源和坚定的信仰。

但是,今天我们不得不扪心自问,是否很好地继承了民族宗教创始者们的精神和信仰，是否将其继续发扬光大。同样，从民族宗教运动史的层面上，我们也应该反思是否以具有主体性的姿态参与到了理想社会的建设。

今天，历史赋予我们这一代一个不可推卸的重任，就是早日实现民族的和平统一。因为统一问题不仅是我们民族的问题，而且还关系到人类和平的问题。从这个意义上来看，民族统一问题有其极为重要的意义。正因如此，我们同韩国民族宗教协议会的会员教团一起，不辞辛劳巡回全国各地所开展的"固守民族之魂"运动，就是为奠定民族统一大业之基石而开展的新的历史时期的民族运动，同时也是人类和平的运动。

所谓的民族问题，既可以说是本民族的具有特殊性的问题，同时也可以说是人类的普遍问题。因此，民族问题和人类问题这二者是不可分的。这也是我们同时开展传统精神文化运动和人类相生和平运动的缘由。而且，韩国民族宗教与基督教、天主教、佛教、儒教等韩国的七大宗团一起，站在践行"共同之善"活动的前列的理由也在此。因此，我们的民族宗教运动要延续到民族统一的那一天，延续到永久和平的那一天。也就是说，以真正实现人类相生与和平的共同体社会为其最终目标。

蓦然回首，韩国民族宗教协议会自1985年11月16日（成立社团法人是1991年12月18日）创立至今，所走过的路程真可谓充满了艰难险阻，一路走来，披荆斩棘。在这样艰辛的征程中，我们继1992年出版《韩国民族宗教总览》10年之后，又刊行《韩国民族宗教运动史》。这不能不说是一件可喜可贺的事情。

《韩国民族宗教运动史》是在韩国文化观光部的资助下，由四位学者经两年多的辛勤劳动才得以问世的。

这四位学者是，依编辑顺序，高丽大学的卢吉明教授（负责第一篇：《韩国近现代史和民族宗教运动》）；圆光大学的金洪喆教授（负责第二篇：《开港时期的民族宗教运动史》）；首尔大学的尹以钦教授（负责第三篇：《日本帝国主义强占时期的民族宗教运动》）；明智大学的黄善明教授（负责第四篇：《光复后民族宗教教团的重建及统一运动》）。书中难免会出现内容上的重复或与教团的观点不相符的地方。对此，还望同人们给予理解和谅解。

借此机会，向文化观光部和该书编写组表示由衷的谢意。同时，对于为此书的编写工作提供大量资料，并为最终出版鼎力相助的各个教团表示衷心的感谢。

最后，胸怀民族统一和人类和平之理想，祈愿韩国民族宗教和各会员教团的发展，将此书谨献给创立民族宗教的诸圣和爱国先烈。

2003 年 12 月 18 日

社团法人韩国民族宗教协议会

会长韩阳元

目　　录

第一篇

韩国近现代史与民族宗教运动

卢吉明（高丽大学　人文学院社会学科教授）

Ⅰ. 民族宗教运动的开展

19 世纪后半叶，西方列强带来的所谓的"近代化"冲击，迫使一贯于实施锁国政策的韩国社会也不得不顺从世界历史的潮流。但是，这种被推上世界历史舞台的结果表明，韩国的近现代史的开启并不是韩国社会发展的内在要求或韩民族的自主意志所决定，而是被西方列强的利害关系所左右，历史的曲折已预示民族和国家将蒙受巨大的痛苦和灾难。

韩国的民族宗教正是在这样的历史的巨大旋涡中产生并开展活动的。民族宗教的倡导者们试图用新的宗教来拯救因社会矛盾加剧而深受痛苦的劳苦民众。因而，在民族宗教运动的思想或活动中，蕴涵着对社会现实的控诉以及要打破不合理的社会结构的强烈意志。

对近代以来在韩国社会所开展的新的宗教运动，学界积累了相当多的研究成果①，但对于究竟什么是新宗教，就其内涵仍争论不休。有人主张，将近代以来在韩国社会出现的新宗教叫做"民众宗教"，也有人称此为"民族宗教"。

把新宗教称作"民众宗教"的代表是柳炳德。他认为新宗教运动大部分是以民众为中心而开展的，而强调所谓的"民族宗教"的这一提法，很容易让人联想到与国家的庇护势力相互勾结而形成，并认为"民族宗教"这一提法需要学术界的鉴别。柳炳德认为韩国的新宗教应叫做民众宗教。②他主张"在民众中呼唤自觉而自发形成的韩国人的宗教，正是韩国的民众宗教"。③

另一方面，从何时开始使用"民族宗教"这一术语仍不明确。但可以肯定的是，自1980年代开始学术界和舆论界常常使用"民族宗教"这一术语。特别是1985年11月16日，由9个系统31个宗团的代表创建"韩国民族宗教协议会"之后，"民族宗教"被作为指称韩国自生宗教的用语而广泛使用，目前这一称谓已呈现普遍化的趋势。"韩国民族宗教协议会"的成立宗旨中，明确规定民族宗教是"树民族依托之柱，立志向之塔，做更生之法度，创明战胜苦难享受荣光之大道"的宗教，是"齐心协力救国救民，胸怀人类和平之大志，承袭自上古传承下来的固有宗教思想之脉络，揭示新宗教思想的同族兄

---

① 参照姜敦求："新宗教研究叙说"，《宗教学研究》第六集，首尔大学校宗教研究会，1987年，第185—195页；金洪喆：《韩国新宗教思想研究》，集文堂，1989年，第10—16页。

② 柳炳德："韩国新宗教的实态及其研究现状"，《以宗教的近代经验——普遍主义为中心》，第四届韩日宗教研究者交流研讨会发表论文集，1996年第8期，第20—21页，柳第1—5页。

③ 柳炳德编著：《韩国民众宗教思想论》，首尔：诗人社1985年，第2—3页。

弟之教团"。

　　在学术界，第一次对"民族宗教"下定义的是尹以钦。他认为，"民族宗教是韩国自生的宗教，立足于韩国民族共同命运体之意识，在外来的压迫中寻求自由和荣光的民众运动的开展或具有类似的历史意识的宗教。"具体来说，1）韩国的自生宗教；2）具有民族共同体意识；3）祈求民族固有之魂的启发；4）约定苦难中获得解放的民族的荣光，具有这些特征的宗教为民族宗教①。另外，金钟瑞认为，"民族宗教"这一术语是在"东学以后出现的大部分的韩国新宗教因其重视韩民族的固有思想和传统，为表明其主体意识而使用的。所以与其说是学术界或舆论界在使用这一术语，倒不如说是韩国新宗教自身喜欢使用这一术语，这是蕴涵着强烈的民族主义性格"的术语。金钟瑞进一步补充说，就韩国而言，所谓的民族宗教仅意味着承袭民族之脉络的新宗教，决不是对应于"世界宗教"之意义上的民族宗教②。

　　由此可见，"民族宗教"可以说是，本身具有透彻的历史视觉，对应民族历史而发生的宗教。即它是以恢复和治愈由"近代"冲击而损伤的民族和民族文化，直至于民族国家之认同的强烈意志的自生宗教。

　　在这里，我们首先要通过介绍民族宗教运动的展开过程以及教祖们的教诲和思想，把握韩国近现代历史进程中出现的民族宗教运动的性质，在此基础上考察民族宗教运动所面临的课题。

---

①　尹以钦：《韩国宗教研究》第一卷，集文堂 1996 年，第 285—288 页。

②　金钟瑞等："现代新宗教研究的理论问题"，金钟瑞、朴承吉、金洪喆共注，《现代新宗教的理解》，京畿城南：韩国精神文化研究院 1994 年，第 6 页。

民族宗教运动是伴随近代历史进程而展开的，所以，对民族宗教运动的展开过程的考察以及对运动史性质的把握，也以韩国近现代史的时代划分为依据加以考察。

1. 日本帝国主义强占以前

朝鲜王朝时期占统治地位的国家宗教是儒教。朝鲜封建王朝在建国初期就将儒教的价值观念作为社会统治理念，整个社会成员的思想行为和社会制度也都依据儒教的基本理念被赋予其意义和方向。

随着朝鲜封建王朝的建立而被提升为国家统治理念的儒教是朱熹所集大成的性理学。亦称之为"新儒学"的性理学，在中国也被作为中小地主出身的士大夫之学，它是建立在排佛意识驱使下所萌发的尊华灭夷的道统被看做正统的春秋大义的义理观基础之上的学问[1]。朝鲜王朝的开国功臣们相对于其他的儒学主张更加青睐性理学，原因在于他们自己也是在中小地主阶层的土壤中成长起来的，且对佛教也持有批判的态度。他们一方面利用性理学把自己"排佛"的革命口号加以正当化，另一方面要以性理学为指导制定利国利民的民本对策。

事实上，性理学的世界观在追求原论性和人性、心性之内在性的同时，又拒绝心性问题上的超越者或超自然存在的介入。正因为如此，性理学具有强烈的合理主义的性质。但是，由于它不能容忍经验事实或者实证要素的受容，所以，其合理主义思想也带有执著于抽象的精神上的自我完善的倾向。进

---

① 尹丝淳：《东洋思想和韩国思想》，乙酉文化社 1984 年版，第 179 页。

而，性理学也难免造成世界观的僵化或封闭①。

与民众的生活体验无关，被朝鲜王朝的建国功勋们选定为统治理念的性理学，只能通过学问和教养才能体验到其原理，所以在满足民众的宗教欲望方面是有其局限性的。只是由于强有力的国家政策和社会管制，加上自身缺乏凝聚力，民众未能加以抵制而已，在其内心深处与性理学仍保持着相当的距离。

类似这样的统治阶级和民众之间的分离和矛盾，以壬辰倭乱和丙子胡乱以后出现的新的生产力和生产关系的变化为契机，开始急剧浮出水面。随着土地的世袭化而出现的两班官僚的土地收购和兼并、私人所有土地的扩大而引发的既有的土地制度的瓦解；免贱、避役、逃亡而引发的奴婢制度的崩溃；农业生产技术的发展和地代收取法的变化等农民经济的新的面貌；特权商业的变质、民间商业的发达、金属货币的流通等商品货币经济的发展；官方手工业的发展和民间手工艺的发展；矿业的发达等手工业和矿业的发展，一方面瓦解了既有的身份秩序和阶级结构，另一方面把朝鲜封建王朝所内在的社会矛盾和阶层对立加以扩大化，并逐渐浮现于水面。

进入到朝鲜王朝后期出现的上述这些变化，意味着此间承担其作为社会上层建筑的功能，成为统合社会的凝聚点的性理学的价值观念面临着一场危机②。

特别是统治阶级对于民众的残酷压迫和剥削，使民众伴随着对绝对者的渴望和理想世界的向往，终于喷发出了长期以来

---

① 黄善明：《朝鲜朝宗教社会史研究》，首尔：一志社1985年版，第124页。

② 卢吉明："朝鲜朝宗教文化的性质及其变动"，《社会变动与社会科学研究》，1989年，第39—61页。

受到压制的宗教欲望。民众阶层对于统治理念的动摇通过弥勒信仰运动、秘诀运动、天主教信仰运动等形式表现出来。因为这些宗教运动是根基于民众的宗教理念和对理想世界的向往的，因而带有"民众宗教运动"的特性[①]。但是，上述这些运动还没有具备真正意义上的"民族宗教运动"的性质。

之所以到了朝鲜封建王朝后期，社会上出现所谓的民族宗教运动，这与帝国主义和资本主义"近代化"带来的冲击密切相关。到了19世纪，已完成对非洲和中南美地区殖民划分的西方列强们，开始涌入尚未被划分的东北亚地区。在这个过程中一直位居亚洲第一强国的中国，在与西方列强的两次较量中均败北，作为亚洲"老大"的形象大大受损。中华帝国形象的毁损，对于一直把中国奉为宗主国的朝鲜王朝，无论从国家层面上还是文化意义上被笼罩在浓重的危机意识中。这种危机意识因不顾国家机器的残酷镇压、逐渐扩散到社会底层的天主教信仰运动而更加强烈。民族宗教运动正是以这种危机意识为基础而展开的。

1860年水云崔济愚（1824—1864）所倡导的东学是民族宗教运动的嚆矢。从"东学"这一名称中我们也可以看出，这场运动主要针对的是当时被称为"西学"的天主教。在辅国安民、布德天下、广济苍生的旗帜下开展起来的东学运动的教理和思想中，蕴涵着强烈的反外势、反封建之理念。

与东学运动几乎同一时期发生的正易运动也带有民族宗教运动的性质。金恒（1826—1898，号一夫）倡导的正易运动，

---

① 卢吉明："朝鲜后期民众的动摇与天主教信仰运动"，《民族史与教会史——崔锡禹神父收品50周年纪念论丛第一集》，首尔：韩国教会史研究所2000年版，第221—225页。

虽说是以期盼新的社会秩序到来的民众的欲求为根基而展开的，但其教理中内含着传统宗教思想和既有的民间信仰因素。

民族宗教运动伴随"近代化"浪潮的冲击而开展得更加如火如荼。特别是1876年缔结的《朝日修交条规》，日本将自己从西方列强处被迫接受下来的不平等的条款，原封不动地强加给了朝鲜。缔结该条约的结果，造成了因粮食输出而引发的粮食价格的急剧上涨，加速了贫农和都市贫民阶层的没落。另一方面，促使地主阶级积累了更多的财富。这样，朝鲜后期的社会阶级矛盾更加尖锐化。地主阶级为购买通过贸易引进的奢侈品而加重了对农民的剥削和掠夺，矛盾变得更加深刻而普遍化。

民族矛盾和阶级矛盾的加剧及其深化，促使民族宗教运动更加活跃和多样化。1894年的东学革命正是这种社会矛盾加剧的结果。通过这场革命，东学进一步强化和扩散了人类平等意识和斥倭、斥华、斥洋等反外势意识。正因如此，东学革命不仅在近代市民革命嚆矢的意义上，而且在民族宗教企图把自己的理念在现实社会中体现出来的最初的社会参与运动之尝试这一层面上，也具有重要意义。

如果说东学革命是以东学理念和组织为基点而开展起来的运动的话，1898年发生的济州民乱则是以正易思想和组织为基点而展开的运动。济州民乱是作为正易系之一的宗教团体南学党成为动员民众的主角、组织农民的力量发展成为有组织的运动形态的一场农民运动①。这场运动主角的南学党的指导层

---

① 赵成润："1898年济州岛民乱的结构和性质——有关于南学党的活动"，韩国社会史研究会：《韩国传统社会的结构与变动》，首尔：文学与知性社1986年版，第209—236页。

是试图通过要求变革租税收取结构的农民的热望逐渐把济州岛建设成独立的理想国家而发动了这次民乱。从民族宗教试图通过革命的手段去实现自己所追求的理想世界这一角度来看，这次民乱是值得我们关注的事件。

甑山姜一淳（1871—1909）于1901年创立的甑山教，是在东学运动展开得最活跃的地区，以参加过东学革命的成员为中心发展起来的。从这一点上，我们可以说，甑山教是以东学革命的经验为基础而登场的民族宗教运动。但是在对待社会现实问题的态度上，甑山教的对应策略与东学运动不同。他们并没有在诸如现实世界的革命运动等方法中去寻找建设理想世界的途径。甑山教认为，要迎来新的理想世界，只有从根本上去改变天地运行之原理的"天地度数"才有可能。为此，甑山教揭示了作为新的社会统合原理的人尊思想和解冤相生之伦理。

1909年，被弘岩罗喆（1863—1916）所重建的大倧教是为反抗日本帝国主义的侵略而展开的宗教运动。弘岩认为，为抗击日本帝国主义的侵略，必须把全民族的力量凝结在一起。而要把全民族动员起来并团结在一起，则只有一条路可走，这就是以国祖信仰——檀君信仰为中心把全民族集结起来。为此，弘岩重建了大倧教。从中我们可以看出，大倧教的重建本身就担负着解决民族矛盾的历史使命。

2. 日本帝国主义强占时期

民族宗教运动到日本帝国主义的强占时期开展得更加活跃。这一时期，出现了不同派系的民族宗教团体和组织，并各自开展了多种多样的宗教活动。日本帝国主义强占时期民族宗教运动之所以开展得活跃，主要是因为日本帝国主义的殖民统治和掠夺加深了民族矛盾，造成民众的生存受到威胁。也就是说，在帝国主义和资本主义势力的冲击下，民族认同意识和自尊意识受到了打击，民众的生活陷入了困境。这些因素直接导致了旨在解决民族矛盾和阶级矛盾的民族宗教运动的蓬勃开展①。

这时期出现的新的民族宗教团体主要有，强调后天坤运的晨鸡李仙枰（1882—1956）倡导的觉世道（1915年）；打着"物质已开辟，精神亦开辟"的旗帜，主张佛教教理的时代化、大众化、生活化的少太山朴重彬（1891—1943）的佛法研究会（现为圆佛教，1916年）；揭示"天下一气再生思想"的迎新堂姜大成（1889—1954）的更定儒道（1928年）；强调冷水立法和治病的奉南金永根（1898—1950）的水法系（1943年）等。

这个时期不仅出现了新派系的民族宗教运动，还出现了从原有的民族宗教中分离出来的新的宗教团体。譬如，从东学系派生出的水云教、侍天教、上帝教、元宗教、人天教、东华教、白白教、大同教等；从正易系派生出的五方佛教、光华教、咏歌舞教；从甑山教系派生出的游仙道教、太乙教、仙佛教（现为甑山法宗教）、顺天教（现为顺天道）、普化教、普天教、弥勒佛教、甑山大道教、无极大道教（现为太极道）、东华教（现为甑山教本部）、元君教、济化教等；从檀君教系派生出来的檀君教、神教、三圣教。以上就是这个时期新派生出

_____

①　卢吉明："韩国新宗教运动的开展过程"，《韩国宗教》，第3集，梅山金洪喆博士花甲纪念特集，圆光大学校宗教问题研究所，1998年第12期，第338—345页。

来的民族宗教。

　　而且，日帝强占时期还出现了佛教极乐会、大觉教、圆融教、灵觉教等佛教系和崇神人组合、神理宗教、七星教、无量教等巫俗崇神系的宗教。此外，也出现了关圣教、金刚道、统天教等一些派系不明的宗教。这些宗教组织和团体都是以渴望从民族矛盾和阶级矛盾中解脱出来的民众的愿望为根基而开展的一种运动。因而，我们可以把这些团体和组织纳入到民族宗教的范畴。

　　实际上，在日帝强占时期开展活动的大部分新宗教都具有民族宗教运动的性质。这一点集中体现在普天教运动上。普天教教主车京石在"3·1万岁运动"之后的1921年，在黄石山进行告天祭，宣布国号为大时国、教名为普化。在这里，告天祭并非是单纯的某一种宗教仪式，而是宣布新王朝的诞生，并把车京石登基当天子的消息告知上天的仪式。从这个意义上，告天祭具有从日帝殖民统治中获得解放、新的民族国家的诞生的意义①。当时，普天教在创立教坛10年内之所以能够迅速成长，成为拥有教团干部55.76万余名、教徒约600万人的宗教，其原因亦在此。后来，普天教成立一个叫"时局大同团"的组织，到处宣扬"内鲜一致"、"大东亚共荣

---

　　① 李康五："普天教——韩国新兴宗教资料篇第1部"，《论文集》第8集，全北大学校，1967年，第15—27页。

　　卢吉明："日帝下的甑山宗教运动"，崇山朴吉真博士古稀几年事业会编，《韩国近代宗教思想史》，全北梨里：圆光大学校出版局1984年版，第1001—1014页。

　　金洪喆：同上书，第297—322页。

　　安厚相："日帝下普天教运动——以教主车京石的政治趋向为中心"，《南民》第4号，首尔：图书出版西海文集，1992年，第63—92页。及第5号，1995年，第136—161页。

圈"等，露骨地表现出亲日的倾向。结果，普天教迅速瓦解①。这从另一个侧面表现出当时的新宗教运动是立足于强烈的民族意识而展开的性质。这一点还可以从一些以东学系的宗教团体为首的带有亲日倾向的新宗教运动先后被解体的事实中得到证明。

我们说日帝强占时期民族宗教运动蓬勃发展，并不单纯意味着宗教团体和信徒的数量之多，它还意味着在克服民族矛盾方面民族宗教活动的积极功能。例如，具有东学革命之经验的天道教不仅主导了"3·1万岁运动"，而且还开展了少年运动、女性运动、文化运动等爱国启蒙运动。而大倧教则以满洲为根据地积极开展反日武装斗争。他们于1918年发表《戊午独立宣言书》，组织了"重光团"，领导抗日武装斗争。在抗日独立运动史上被评价为取得最大战果的青山里大捷，也是以大倧教为中心开展的抗日武装斗争。还有，以"佛法研究会"的名义开展活动的圆佛教，比起外形上的抗日斗争，更多地开展诸如储蓄组合运动、开垦运动、农村开发运动、教育运动等活动，以追求开发民智和改善民众生活现状的方式开展民族宗教运动②。

类似这样的活动和民族宗教的思想特性，导致日帝对民族宗教运动实施更加残酷的镇压。日本帝国主义对民族宗教的压

---

　　①　卢吉明："初期甑山宗团的民族意识与民族运动"，甑山宗团联合会，《日帝下甑山宗团的民族运动》，忠南礼山：顺民社1997年版，参照第66—68页。

　　②　金洪喆："初期甑山宗团的民族意识与民族运动"，甑山宗团联合会，《日帝下甑山宗团的民族运动》，忠南礼山：顺民社1997年版，第323—348页。

制和迫害，在日本帝国主义的宗教政策中表露无遗①。

　　当时，日本宪法（1889 年 2 月 11 日制定）第 28 条规定：日本臣民在不妨碍安定秩序、不违背臣民义务的情况下，享有信仰自由。这一项意味着只要遵守国家政策，即顺应帝国主义政策就可以得到信教自由。日本帝国主义者依据上述规定，实施日本神道、佛教、基督教视为公认宗教的政策，民族宗教则依据朝鲜总督府颁布的《布教规则》，被认定为类似宗教而受到压制。另外，日帝又把神道和佛教以外凡是涉及宗教的问题，都依据所谓治安警察法和内务部令来加以管制，有关民族宗教方面的所有业务则交给内务部来处理。这说明凡是和民族宗教相关联的问题，都在治安范围内加以处理。② 因此，民族宗教团体的活动一开始就受到了制约。一些民族宗教团体和组织之所以离开国内而以伪满洲为中心开展活动③，也是由于日本统治者实行的民族宗教遏制，在国内无法自由地开展活动的

　　①　关于日帝的宗教政策会参照以下研究书籍。
　　梁银容："以日帝的宗教政策观看的甑山教"，《日帝下甑山宗团的民族运动》，同上，第 102—110 页。
　　尹以钦：《日帝对韩国民族宗教的抹杀策》，首尔：高丽韩林院 1997 年版。
　　柳圣旻："日帝强占时期的韩国宗教和民族主义——针对日帝殖民地宗教政策对抗的韩国宗教为中心"，《针对近代东亚的民族与宗教》，第 6 届韩日宗教研究者交流研讨会发表论文集，1998 年 8 月 18—19 日，第 48—51 页。
　　尹善子：《日帝的宗教政策与天主教会》，首尔：景仁文化社 2001 年版。
　　②　《韩国新宗教调查研究报告书》，韩国宗教研究会，1996 年，第 65 页。
　　③　除了大倧教以外，金中建的元宗运动也是一个典型例子。关于大倧教的独立运动请参照：《大倧教重光 60 年史》，首尔，大倧教总本司 1971 年版。
　　关于元宗请参照：赵成伦："日帝下新兴宗教与独立运动——以满洲地方的元宗为中心"，《韩国的宗教与社会变动》，首尔：文学与知性社 1987 年版，第 84—103 页。以及崔峰龙的"研究笑来金中建的宗教思想——以元宗为中心"，《第二届韩日宗教研究讨论会国际学术大会 2003 年发表论文集（添加分量）》，韩日宗教研究讨论会运营委员会，2003 年 8 月 20—21 日，第 83—92 页。

缘故。

日本殖民统治初期开始实行的对民族宗教的压制政策，随着这些运动扩散到民众世界而更加强化。从 1936 年开始，日帝实行了从根源上切断民族宗教生存土壤之政策[1]。这一时期颁布的"类似宗教解散令"，实际上就是试图从根源上切断民族宗教的最后通牒。随着该条例的实施，大多数民族宗教或被勒令解散，或被迫转入地下活动。

3. 光复以后

深受日本帝国主义压迫和统治的韩国宗教，以 8 · 15 光复为契机，获得了宗教信仰和宗教活动的自由。特别是在光复以后，在三八线以南实施军政的美太平洋陆军总司令部借美军仁川登陆的机会，以司令部的名义颁布了"占领朝鲜的目的在于履行投降文书的条款和保护朝鲜人的人权及宗教上的权利"的《布告文第一号》（1945 年 9 月 7 日），从政治上保障了宗教信仰和宗教活动的自由。这个布告经由后来的"废除以信仰为由导致差别的所有条令和命令"的军政法令（1945 年 10 月 9

---

[1] 当时在日本发刊的《中外日报》11268 号（1937.3.17）报道了这一内容。"在朝鲜，类似宗教迫于传导宗教的方法而受到监视，其方法包含两种缺陷，一是政治背景，另一个就是迷信盲说。并且当局对类似宗教展开了扼杀政策，其后（1936 年）对类似宗教进行强制解散。（从大泽伸雄，"同学堂系水云教对于真宗大谷派的归属与对抗"，《第二届韩日宗教研究讨论会国际学术大会 2003 年发表论文集》，第 167 页引用。）

有关日帝压制民族宗教运动的事例，请参阅尹以钦：《日本帝国主义对韩国民族宗教的抹杀策》，同上书；金洪喆："日本统治时期甑山教团的蒙难以及对应策"，甑山宗团联合会，《日本统治时期甑山宗团的民族运动》，同上书，第 157—188 页。

日），从法律上为宗教信仰自由提供了保障①。

这种由政治权力实施的法治措施，为重建或恢复被解体或转入地下的民族宗教，做出了相当大的贡献。

光复前后，民族宗教的活动主要从两个方面展开，一是宗团的制度化建设；二是参与建立民族国家政权。

宗团的制度化建设包括组织体系的重建、教理的系统化、出版经典等几个方面。之前，被日本帝国主义强制解散或转入地下的民族宗教组织和团体开始重新联合信徒，一方面整顿组织体系，另一方面为了规范传教活动，开始了教理的系统化工作和包括经典在内的各种出版物的刊行工作。同时，类似于大倧教那样在国外开展活动并建立根据地的民族宗教宗团本部迁回国内，为今后的传教活动奠定了基础。

另外，民族宗教积极参与建立民主国家。主导"3·1万岁运动"的天道教，通过《3·1再现运动》等，积极开展了旨在建立南北统一政府的活动②。而以伪满地区为中心开展抗日斗争并与临时政府相关联的大倧教，则通过与临时政府要员的紧密关系，为建立民族统一政府倾注了自己的努力③。还有，甑山教以曾任临时政府参谋总长、光复后在美军政时任统卫部长的柳东悦将军为中心，集结了17个宗团，结成"甑山教团统整院"，积极探索社会参与方法④。圆佛教则是通过多

---

① 教育院佛教研究所编：《韩国近现代佛教史年表》，大韩佛教曹溪宗教育院，2000年，第62页。

② 洪章和：《天道教运动史》，天道教中央总部，1990年，第211—230页。

③ 《大倧教重光60年史》，同上书，第573—709页。

④ 当时加入于此的17个宗团的具体名称没有被记载。但此运动在宣言书上阐明了其宗旨。甑山教团统整院的教义体系和信仰体系被揭示以后，即当时的巡回讲演内容，后来以《民族宗教运动》为书名刊行。参考洪凡草"甑山宗团的超教派运动"，《韩国宗教史研究》第9集，韩国宗教史学会，2001年，第388—392页。

种多样的社会服务活动，来参与民族国家的建设。

但是，民族宗教的这些努力不能不说具有相当的局限性。这不仅是因为缺乏物质资源和人力资源，更因为是政治理念的分歧所致。第二次世界大战结束以后，世界政治格局两极分化为以美国为中心的资本主义阵营和以苏联为中心的社会主义阵营，形成了两大阵营之间相对立的冷战体系。在这种国际新秩序的改编过程中，韩半岛被分割为南北，成为两大阵营进行利益角逐的最前沿。进驻三八线以南实行军政的美军的韩半岛统治战略，就是在三八线以南建立亲美的、反共理念透彻的政府。正因为这样，依据有神论和无神论的理念格局，那些具有彻底的反共意识形态的基督教徒们，在与政治权力关系中占据有利的立场，并呈现出了快速增长的势头。相反，民族宗教则因所具有的透彻的民族主义理念有可能成为在南韩成立单独政府或传播和普及亲美反共理念的绊脚石等原因，在新兴的宗教市场里，民族宗教的位置只能处于相对不利的地位[1]。这种状况又因包括李承晚在内的历代总统的政治倾向和"6·25战争"的经验，使亲美、反共理念成为韩国社会的统治理念。

"6·25战争"，不仅戏剧般地演绎了民族的受难和痛苦，而且导致了进一步挫伤民族自尊心的悲剧。以此为基础，重新出现了一些带有民族主义倾向的宗教团体。这些新宗教主要是以统一教、传道馆、龙门山祈祷院等基督教系的新宗教团体为代表，也包括一些诸如圣德道等民族宗教系的新宗教。

由于理念的对立而导致的同室操戈的教训，进一步加强了民族宗教对民族矛盾的认识。民族宗教对民族矛盾的苦恼和积

---

① 卢吉明："光复以后韩国宗教与政治关联"，《宗教研究》第27集，韩国宗教学会，2002年，第3—8页。

极的探索，从在一般人眼里只是过一种与世无争的生活的更定
儒道等团体的社会参与中可见一斑。更定儒道在战争刚刚结束
之后的 1953 年，把经典《海仁经》和中心教理"泪巾水道理"
翻译成英文，并通过航空邮件分别发送到美国总统和美上下议
院的议长及联合国秘书长手里。同时，在 1954 年试图向政府
传递"实现世界和平的万古无比之大圣人出现于韩国"的消
息。这个事件最终导致大和中兴国事件，导致迎新堂的灭亡。
而且，更定儒道在打出反共为国是的"革命公约"而执政的朴
正熙政权时期的 1965 年 6 月 6 日，组织 500 多名道人散发
"远美苏惠、和南北民"为内容的传单，制造了"汉城示威事
件"①。更定儒道所开展的这些社会活动，旨在解决民族矛盾，
恢复被毁损的民族自尊心。这一点与其他所有的民族宗教的思
想和意志是相统一的。

　　事实上，大部分民族宗教虽然具有要解决民族矛盾的强
烈愿望，但由于脆弱的宗团结构和微薄的社会力量而不能开
展一些有实质意义的社会活动。为克服这些脆弱性，民族宗
教内部开始酝酿各个宗团之间的大联合。譬如在 4·19 革命
之后，民族宗教宗团代表们聚在一起结成的"民族信仰总联
盟"就是一个很好的尝试②。民族信仰大联盟虽然在 1961 年

---

　　①　有关上述两个事件，参看《更定儒道概说》，全北南原，更定儒道圣堂，
檀纪 4322，第 26—32，46—58 页；更定儒道运营委员会编：《和平与统一》，常
青天，2001 年，第 17—43 页；金洪喆："更正儒道——其历史与思想"，《宗教新
闻》，1988 年 1 月连载的 15 回；卢吉明："近代民族史的更定儒道之对应"，社团
法人韩国民族宗教协议会编《新千年民族宗教的进路：韩国民族宗教总论》，常青
天，2000 年，第 88—92 页。

　　②　当时加入总联盟的教团有天道教、甑山教大法社、普化教、仙佛教、
弥勒佛教、崔善湖的甑山教弥勒系、崔根奉的甑山教药方派、太极道、光明道
德教、上帝教、道学教、一观道等。

2月27日到国务院事务处正式登记（登记番号为340号），但5·16军事政变之后，根据文教部的国产宗教统合计划，于1961年12月重新改编并注册为东道教①。自1960年代以后，民族宗教运动进入蓬勃发展时期。特别是从1962年开始的政府主导的经济振兴政策，是以低赁金和低谷价为基础、鼓励出口为主的经济，而这些都是以牺牲农村和农民的利益为代价的。因此，在经济开发政策实施的早期阶段，不仅凸显出农民、工人、城市贫民的生存问题，而且伴随着经济快速增长所出现的相对的被剥夺感也开始成为导致社会问题的重要因素。这样的社会背景促进了宗教派系在数量上的急剧增长，它不仅导致了既有宗教的活性化发展，又刺激了新的宗教团体的诞生。

　　但是，这一时期诞生或成长起来的宗教都具有一个共同点，那就是为恢复在快速推进产业化和都市化进程中所丧失的自我认同意识，揭示出大众化的灵性方法。尽管这一特点在基督教界表现得十分突出，但是在民族宗教中也表现得较为明显。譬如说，大巡真理会、甑山道、青羽一新会、天尊会（正

---

　　① 当时参与的民族宗教宗团有甑山教大法社、普化教、三德教、弥勒佛教、普天教、仙佛教、太极道等甑山教系的7个宗团和道学教、天真教、侍天教、水云教等东学系的4个宗团，还有一观道。这个团体虽具有单一宗教的名称，但实际上带有多个宗教团体的联合体的性质。因此，各个宗团为了体现各自的特征，采取了在"东道教"名称后面又增添自己的固有名称的形式。该团体以"实现辅国安民，建设地上乐园"为宗旨，作为其实现手段开展了把檀君、水云、甑山等民族宗教运动的三位圣贤合为一体的所谓的三段教义体系的实践运动，但由于参与的宗团的独自行动和缺乏诚意，到了1963年因作废《宗教团体登录法》，结果只剩下少数几个甑山系的宗团。这个大联合到了1970年由于形成了新的甑山教联合团体的"甑山宗团联谊会"，使原来的大联合自动消失。参看卢吉明："东道教"，《韩国民族文化大百科辞典》第7卷，韩国精神文化研究院，1989年，第195—196页。

心会）、仙佛教、韩民族佛教等宗教团体，与其他教团相比，虽然历史较短，但却表现出了急剧增长的势头。这些教团的共同点，就是给那些既追求民族宗教又对产业化和都市化感到厌倦而渴望得到灵性体验的广大民众，揭示有可能实现灵性觉悟或宗教体验的灵性开发方法。

另一方面，民族宗教的成长和发展，又和学术界对民族宗教的关注有着密切的关系。如同产业的发展要以产学之间协同为基础一样，民族宗教的成长和发展也以学术界的关心和研究为基础而得到促进。民族宗教和学术界的关系可以比拟为螺旋关系。即学术界的介入和研究可以推动民族宗教的发展，而民族宗教的发展又可以推动学术界的研究。这一点在 20 世纪 70 年代以后的民族宗教界和学术界的关系中也可窥其一斑①。

进入 20 世纪 70 年代以后，学术界反思自光复以后在韩国学术界风靡一时的"近代化论"，即批判了所谓的近代化就是打破传统文化接受西方文化才能实现的立场，积极探索克服韩国近现代史主要特征之一的阶级矛盾和民族矛盾的方法。特别是在"维新时代"兴起的韩国学成了把民族宗教认定为传统思想探知者的契机。大学校园内出现了民族宗教的社团，学术界也关注到民族宗教几乎原封不动地继承了韩国的传统思想这一特点。有些学者抛开社会上的一些偏见，开始着手研究民族宗教的教理和思想。

学术界的这种关注一方面消除了社会上对民族宗教所持有的相当部分的偏见，另一方面又成了敦促民族宗教加强自身努

---

① 卢吉明："光复以后韩国新宗教运动的展开与研究动向"，《宗教与文化》，第三号，首尔大学校宗教问题研究所，1997 年，第 54—55 页。

力的要因。一些民族宗教成立了诸如"甑山思想研究会"这样的研究团体，与学术界联手共同研究教理和思想，进而重建教团组织，积极开展一些不同教派之间的联谊活动。

但是，当时韩国学热旨在促成"韩国民族主义"，所以社会上对民族宗教的关注也仅仅停留在学术领域。而且，由于缺乏能够在学术界和宗教界之间发挥桥梁作用的人才，因此，未能对宗团的发展给予实质性的帮助①。但是，学术界的关注和研究至少消除了社会上对民族宗教的偏见，并且对民族宗教的成长起到了直接或间接的作用和影响。

事实上，1981 年结成的"民族宗教联谊会"也好，1985 年创立的"韩国民族宗教协议会"也好，都是民族宗教自身的积极努力和学术界的广泛的学术研究活动以及由此而来的社会上对民族宗教的认识的改变相融合而成的结晶。特别是"韩国民族宗教协议会"的创立，不仅对民族宗教的振兴，而且对提高民族宗教在社会上的威望发挥了重要的作用。韩国民族宗教协议会通过各种学术会议和社会活动，增进了民族宗教之间的相互理解和相互合作，积极阐明了民族宗教对于政治和社会问题的立场，还积极参与南北之间的对话，对民族的和解和统一做出了重要的贡献。同时，以这些活动和业绩为基础，韩国民族宗教协议会作为代表韩国宗教界的"七大宗团"之一参与宗教界活动。协议会会长在国家遇到难题时和其他宗教的领导人一起，经常被邀请到青瓦台，向总统反映社会民众的意向和舆论，提供政策咨询，受

---

① 尹承容：《现代韩国宗教文化的理解》，首尔：韩国学术 1997 年版，第245 页。

到韩国社会的极高的礼遇①。

Ⅱ. 主要民族宗教创立者的生涯及其教诲

　　一般说来，宗教是以其创始人的宗教体验为根据而产生的。而且，宗教创始人的宗教体验或思想又与特定的社会历史环境有着密切的联系。因此，要想把握某一个宗教的思想或性质，首先有必要去把握宗教创始人的生涯及其教诲。在这里，我们简要考察一下自光复以前开始主导韩国民族宗教运动史的主要民族宗教创始人的生涯及其教诲。

1. 水云崔济愚的生涯及其教诲

　　水云崔济愚于 1824 年 10 月 28 日出生在庆尚北道月城郡见谷面柯亭里一个有名望的士林家庭。他的本籍是庆州，乳名福述，原名济宣，字性默，后改为济愚。他自幼失去了母亲，父亲在他 17 岁那一年去世。正因为如此，他从小深感世间无常，并认为世人丢弃真知，挣扎于黑暗中，由此思索如何才能得到真知、拯救世界，致力于求道。

　　他一方面涉猎传统的儒、佛、仙的教理，另一方面又研究阴阳、卜术等民间信仰。他还学习骑马、射箭、经商等来体验世道人心。32 岁那一年（1855 年三月初），他一个人在草堂沉

---

　　① 2003 年 10 月至今，加入"韩国民族宗教协议会"的宗团有天道教、大倧教、圆佛教、更定儒道、水云教、太极道、甑山法宗教、大巡真理会、青羽一新会、圣德道、顺天道、仙佛教、韩民族佛教、天尊会等。

浸在默想之中，忽然间出现一位奇异道士给了他一本《乙卯天书》。水云按照书上的要求，继续坚持过49天的祈祷生活。到了37岁那一年（1860年4月5日），他突然感觉到精神异常，身心发抖，进入到恍惚境界，体味了某种宗教境界。这时他从上帝那里接受了"吾有灵符，其名仙药，其形太极，又形弓弓。受我此符，济人疾病，受我咒文，教人为我，则汝亦长生，布德天下矣"的启示[①]。其后近1年间，他与上帝进行对话，并根据上帝降旨的内容，自觉修炼，自己磨炼，逐渐立下了将来布德于天下的大志[②]。

水云把从上帝那里得到的无极大道称为东学，并利用《东经大全》和《龙潭遗词》等经典，写出赞美上帝的咒文，开始布德。但是，随着教徒们不断增多，官衙把东学定性为邪教，要逮捕水云。无奈之下，水云于1863年8月14日把法统移交给海月崔时亨。同年12月10日，水云被捕入狱。1864年3月10日，因遭酷刑而殉道。

水云思想的核心大体上可以分为天主和至气[③]。如果说天主是东学的神观，那么至气思想可以说是东学的宇宙观。

水云对天主并没有作出明确的界定。但是，天主作为内在于万事万物之中、涉猎宇宙万物之存在而被使用。天主在时间的意义上是从无限的过去延伸到无限的未来，在空间意义上也是无限的。宇宙万物的存在只不过是由于天主自身的自律性创造而表现为各色各样的。因此，在人的身上也内在着万物存在原因的绝对者——天主。所以，水云所说的天主，作为一个超

---

① 《东经大全》"布德文"。

② 《天道教要义》，首尔：天道教中央总部出版部1988年版，第14—15页。

③ 金洪喆、柳炳德、梁银容：《韩国新宗教实态调查报告书》，全北益山：圆光大学宗教问题研究所，1997年，第108—109页。

越者，既是人内在的存在，同时又是人外在的存在。另一方面，可以把至气看做是与天主形成表里关系的存在，至气指的是充满于虚灵苍苍的宇宙中的气运。也可以说，至气是天主的质的表现。因此，如果说天主是宇宙本体的整体性表现的话，至气就是把其本质以理的方式表现出来的。

水云觉悟到"侍天主"之后，告诫人们以守心正气追求真正的人生道路，以实现自我人格的完成，在国家或社会层面上则实现辅国安民、广济苍生、建设地上天国的理想。

崔济愚的思想可以说是至气一元论的宇宙观，性身双全、教政一致的社会观，是以侍天主的人间观为基本核心的。水云根据这些思想，揭示了事人如天的伦理观，教诲人们要践行精诚、恭敬、信任等修行德目，以同归一体成为后天开辟的新天、新地、新人。

目前继承水云之教诲的宗团有天道教、水云教、东学天真教、东学教本部等。

2. 甑山姜一淳的生涯及其教诲

姜甑山于 1871 年 9 月 19 日出生在全罗道古阜郡优德面客望里（现全罗北道井邑市德川面新月里）的一个没落两班家庭里。他的籍贯是晋州，字士玉。甑山虽具有学问方面的素质，但由于经济上拮据，曾度过一段乡村教师的生活。

1894 年，他经历东学革命的整个过程，并亲眼目睹由此而来的社会惨状后，下定决心要创立一个能够解救人世间的新的宗教。他意识到，要想克服社会之混乱，救济生活在水深火热中的民众，靠现有的宗教或人间力量是不可能的，唯一的解救方法就是从根本上改变天地运行之秩序。

　　为此，他一方面在研究儒、佛、仙等既成宗教教理和阴阳、风水、卜书、医术等，另一方面又学习呼唤神明的道术和预知过去、未来的功夫。同时，为了更详细地了解世道人心，他自1897年开始周游全国，达三年之久。这个时期，他从忠清道庇仁人氏金京诉处得到了后来成为甑山教重要咒文的太乙咒。在连山，则遇到了当时著述《正易》的金一夫，接触到了《正易》里所讲的后天易。

　　1901年，甑山到全罗道母岳山的大愿寺修炼，并在同年7月得道。他悟出天地运行原理，并克服了贪淫嗔痴四种魔而成道。同年冬天，甑山第一次行天地公事。以后主要以全罗北道为中心进行传教活动，于1909年去世。

　　甑山教教理的核心是天地公事[①]。所谓的天地公事，就是指天地人三界主宰者——甑山利用自己的权能改变宇宙的运行秩序、建构后天仙境基础的作业。对于"天地公事"的必要性，甑山说道：在相当于先后天交易期的现代，从先天时代开始累积下来的神明界和人间的所有的怨恨和杀气将会爆发出来。因此，为了消除怨恨和杀气，形成新的秩序，有必要进行开辟。在现代，由于神明界的状况极度混乱，即没有神明与人类之间的和谐——神人协和，神明界的混乱状况又直接影响到了人间。因此，有必要调整神明界。因为现有的宗教都是立足于各民族和民族命运，因此在社会版图正在扩大、事情越来越复杂的今天，有必要吸收各国宗教的精髓，进行新的提炼和综合。正是出于这种需要，"天地公事"要求从根源上重建天地人三界的运行秩序。大多数甑山教徒们把甑山在生前所践行的

　　① 卢吉明："甑山教的天地公事与解冤相生思想"，《韩国社会和宗教运动》，首尔：碧波出版社1988年版，第143—160页。

一切言行都看做是"天地公事"。

天地公事，按其目的可以划分为三种类型。一是改变天地间的预定的变化原理，即改变天地度数的运度公事；二是解神明之冤，并重新安排和统一的神道公事；三是指明处于末世而徘徊的人的灵魂，构筑后天时代伦理道德之基础的人道公事。

甑山认为，在先天时期主要是由相克之理统摄人间事务，所有的人事都违背道义，因此结下了怨恨。结下的怨恨积累下来浮出三界，终于爆发出杀气，给世界带来了巨大的灾难。但累积到今天的人间和神明的所有怨恨，通过天地公事而得到解冤。在后天时期，则是人与人、族属和族属、人与神明、人与自然之间的相生之道将统率世界，造就地上仙境。同时，他主张天地人三界中最尊贵的是人，宣布人尊时代即将到来。进而，他预言在后天时期，韩半岛将成为世界上等国，世界将以韩半岛为中心统一为一个家庭。由上可以看出，甑山思想集中体现在解冤相生思想或人尊思想。

目前，以甑山的教诲为依据的宗团有顺天道、甑山法宗教、甑山教本部、三德教、清道大亨圆、太极道、大巡真理会、甑山道、青羽一新会、泰仁弥勒佛教等数十个教团。

3. 弘岩罗喆的生涯及其教诲

弘岩于 1864 年出生在全罗南道乐安郡南山面金谷里（现全罗南道宝成郡）。字文卿，号耕田（又叫经田）。儿时名斗永，踏上仕途之后曾使用过寅永的名字。1909 年在创立大倧教的时候，又更名为罗喆，号也改为弘岩。

弘岩 29 岁时，文科状元及第，历任承政院假注书和承文院权知副正字。日本帝国主义入侵后，弘岩辞去官职，联合湖南（韩国全罗道）出身的志士，于 1904 年组织了名为"维新会"的秘密团体，开展救国运动。在签订乙巳条约之前的 1905 年 6 月，弘岩与几位同志想借道日本去美国，结果由于日本方面的百般阻挠而未能如愿，只好停留在日本东京。他们向日本的总理大臣、枢密院长、贵族院、众议院呈献了畅谈东洋大势、揭示韩国与日本、大清帝国之间和平相处的方案和以揭露驻韩日本公使的蛮横为内容的信函。但因得不到答复，他们就在日本宫廷前面进行了为时 3 天的绝食斗争。他们从报纸上看到伊藤博文与朝鲜要签订新的条约的消息之后，意识到只有先铲除国内的卖国贼才能确立好的国政，就买了两把刀，藏在行李之中带回国。

归国之后，弘岩从白发老人伯佺那里得到了《三一神诰》和《神事纪》两本书。弘岩为了杀害乙巳五贼，把藏有爆炸物的小包寄出去，但未能成功。1907 年 3 月 25 日，弘岩再一次预谋诛杀五贼，不慎计划泄露，参与此次谋杀活动的同志们均被逮捕，弘岩也前去自首，被判流放 10 年。7 月 12 日，他被流放到全罗道。同年 12 月 7 日适逢高宗的特赦而提前结束流放。1908 年 11 月，他又去日本，试图通过外交手段进行救国运动，但效果甚微。因此，他只好回国。正是在这一时期，弘岩在日本从一位名叫杜一白的老人那里得到了檀君教《布明书》和古本《神歌集》及《入教程序》等书籍带回国内。

归国后的第二年，也就是 1909 年 1 月 15 日弘岩在汉城斋洞翠云亭侍奉檀君大皇族神位，举行祭天仪式后，公布了檀君教布明书，重光了檀君教[①]。

但是，由于一些人借檀君教的名义大搞亲日行径，于是弘

---

① 《大倧教重光 60 年史》，《韩国社会和宗教运动》，第 5—80 页。

岩在 1910 年 7 月 30 日把教名改称为"大倧教"。改名之后，韩半岛被日本侵略者占领。于是，弘岩把活动范围扩展到伪满洲。1914 年 5 月 13 日，大倧教的总本司被迁移到伪满洲和龙县清波湖。进而，在汉城设立南道本司，在清波湖设立东都本司。另一方面，以白头山为中心选定东西南北 4 道教区和外道教区，把教区制度进一步改变或扩大。

　　但是，由于日本帝国主义在 1915 年颁布了《宗教统制案》，结果，大倧教成为非法团体，接着教团也遇到了一些麻烦。1916 年 8 月 15 日，弘岩在檀君信仰的圣地——黄海道九月山，同侍奉者 6 人一起，举行了祭天仪式之后，就告诫侍奉者说，"自己要搞绝食修道，请勿打扰"，于是进入了为期三天的绝食修道。16 日凌晨，因毫无动静，于是弟子们打开门进去查看，发现弘岩留下了解释自己死亡意义的《殉命三条》之遗书，利用调息的闭气法早已断气[1]。

　　弘岩的思想集中反映在他所留下的《殉命三条》里，其大意为："第一，我罪重无德，未能光耀上帝之大道，未能拯救民族，反而使其受到欺辱。因此，为了大倧教我要结束自己的性命；第二，我重光大倧教八年间屡次得到上帝的恩宠和帮助，但精诚不足，未能报答上帝恩宠的万分之一。为此，我要为上帝而死；第三，我替天下同胞服罪，因此，我要为天下而死。"[2]以上可以看出，他的思想可以集约为对于传统上一直成为韩民族信仰对象的上帝的彻底的信仰和强烈的民族意识。

　　目前，以檀君信仰为依据的宗团有大倧教、天上桓因弥勒

---

　　[1]　《弘岩新型朝天记》，首尔：大倧教总本社，开天 4428，第 52—55 页。以及申哲浩：《韩国中兴宗教教主论：弘岩罗喆大宗师》，大倧教总本社，1992 年，第 15—16 页。

　　[2]　同上书，第 62—64 页。

大道、仙佛教、三神教、三圣宫等，但继承弘岩宗统的宗团只有大倧教。

4. 少太山朴重彬的生涯及其教诲

少太山于1891年出生在全罗南道灵光郡白岫局吉龙里一个普通的农民家庭里。儿时的名字叫镇燮，青年时期叫做处化。重彬是户籍上的名称，少太山大宗师这一称号是创立圆佛教之后弟子们对他的爱称。

少太山因家境贫寒，直到成年未受到任何正规教育，但对宇宙万物和人间诸多事情抱有很多疑问，并把疑问扩展到了人类的生死和存在问题。11岁那年，他在参加时享祭时听到了山神权能，为了能够见到山神，坚持做了4年的祈祷。结婚后的第二年（16岁）去岳父家的途中，听到了有关道士的故事，为了与道士见面，他倾注了全部的心血，直至22岁那年。20岁的时候，由于父亲去世，加上还未得道，少太山开始深深地陷入疑问之中。

少太山为解开这些疑问，寻访过很多所谓的道士和山神，但都未得到满意的答复。26岁那一年，即1916年4月28日清晨，入三昧的少太山忽然精神振奋，心头疑虑似冰雪消融，豁然开朗，体验到一种"清风月上时，万象自然明"的大悟境界。他觉悟到，万物一体、万法归一、无生无灭的真理和因果报应的原理等①。

少太山以悟道的眼光观察当时的人类社会，展望人类的未

---

① 圆佛教政华社编：《圆佛教全书》，圆佛教中央总部教政院，1989年，第1038—1041页。

来，提出了"物质已变，精神亦变"的口号，开始了从精神上拯救疲于追求物质文明的人类的宗教运动。作为教团的创立和社会改革的第一项事业，他同 9 名追随者一起于 1917 年成立了信托组合，开展了废除虚礼、打破迷信、戒酒戒烟、勤俭节约的储蓄运动，并利用筹集得到的资金，集中闲散劳动力，于 1918 年又开始了围海造田的垦拓事业。

1924 年，少太山在全罗北道益山郡以"佛法研究会"的临时教名，正式开展宗教教化活动。他强调佛教教理的时代化、大众化、生活化①，一方面设立禅院并进行教役者培养和信徒的训练，另一方面又设立互助组合倡导勤俭储蓄精神，并通过相互协同，推进生活安定、昼耕夜读的共同体生活。1937 年少太山把自己觉悟到的真理象征为"一圆相"，宣布作为信仰和修行之标本的"一圆宗旨"。1943 年 3 月基本经典《佛教正典》发行。同年 5 月，少太山结束了"生死之真理"说法之后，于 6 月 1 日圆寂。

少太山的教诲可以概括为"法身佛一圆相"，即"圆"②。这个一圆相的属性是，"通东西古今为一，无始无终，循环无穷，虚而实。这是宇宙的原初之座，一切菩萨觉悟之心，一切众生本性之象征。"

这一真理可以通过两个"门"体悟到。一是跟随昭昭灵灵的因果报应的威力，并相信其威力的信仰门。进入真理门，就进入一圆相真理的现象世界，就会展现出以天地恩、父母恩、同胞恩、法律恩等四恩充满的世界。宇宙万物都产生于四恩，

---

① 社团法人韩国民族宗教协议会编：《韩国民族宗教总览》，1992 年，第276 页。

② 孙正允：《开辟与恩惠的圣者少太山大宗师》，少太山大宗师诞生百周年盛业丰赞会，1991 年，第 54—56 页。

发展于四恩。人类也是出生于四恩的恩惠中，并得益于四恩而生活下去。二是跟随以真空妙有而展开的世界，恢复圆满具足、至公无私之品性的门。即精神修养、事理研究、作业取舍等三学修行，是体悟并实践一圆相真理、形成完美的人格、恢复其道德性、进而走向自由的解脱世界的通道。

少太山教诲认为，一圆之真理是内在于万事万物当中，并把这种教诲用"处处佛像、事事佛供"来表达。所以，他所指明的一圆的世界，归根结底就是指洋溢着以自利利他的精神共生的恩惠，精神文明引导着物质文明走向和谐的世界。以这样的一圆相真理为根本依据，少太山强调"世界上的所有民族和国家虽然理念不同，但根本上就是兄弟，就是同一人类"。

5. 迎新堂姜大成的生涯及其教诲

迎新堂于 1890 年 9 月 17 日出生在全罗北道淳昌郡龟岩面凤谷里的一个贫穷的农民家庭里。5 岁开始随父亲学习练字，9 岁时失去了父亲，开始务农。但是，过了 20 岁之后，抛开万事专心于天理。1919 年因涉嫌参与"3·1 运动"，被官衙拘留一个星期。

1922 年，他断言"要想真正的救国救民做出一番事业，就必须得到新的道"，开始进行获取大道的修炼。1928 年，他正在祈祷时，忽然听到了"到金刚山金刚庵去修道"的天神的喊声。于是，他就到位于回文山的金刚庵盖了三间草房，携夫人和年仅 10 岁的儿子龙鹤，开始了苦行和精进。

他说，这间房屋兼备儒、佛、仙。从天地人三才看，天是仙，地是佛，人是儒；从人的夫妇子三人来看，父亲是仙，母亲是佛，儿子是儒。之后，每个人各自分居在一间房屋，把它当做修道场所，并在院子里画出一道线，禁止外部人士的出入。他们掩遮眼耳，废掉饮食，继续精进。到了1929年7月的某一天，出现震撼天地的雷声和覆盖大地的浓浓的雾等奇特的自然现象，他终于成就了道通。

完成道通之后，迎新堂到天国去居住7天，观察天上无形世界的度数之后下凡。这个时候他从上帝那里接受了天地化为地天之后再回归天地的大法正道和老天老地变易为新天新地、要夫妇子三人广济苍生的天地公事之大任。

受领天地公事之大任之后下凡的迎新堂，把这一重任分别授予夫妇子三人来承担。即父是天皇氏，负责用天上一气（诸圣、诸佛、诸仙、忠孝烈）来解冤人类（神人合发）；母是地皇氏，负责把人间的罪恶送上天，使人世间无罪恶可言；子是人皇氏，负责传报人需奇别（儒道消息）解冤万民。担负天地之大公事如此重任，要匡扶天上一气，消除人间罪恶，需有夫妇子三人的生死交易。为此，迎新堂一方面为想到天心而感到高兴，另一方面为想到人心又感到悲伤至极，痛哭流涕。看到迎新堂在哭，夫人和儿子也都跟着哭。这样，夫妇子三人抱成一团，哭了又哭。从这时候开始，三人流下了替万民赎罪的泪水，把流下的泪水用手巾擦干之后，再喝下从手巾里挤出来的泪水。这就是更定儒道的核心教理——泪巾水教理[①]。即担负起拯救世界之大任，并践行此公事，必须经历夫妇子三人生死交易之人间悲伤，进而出于解救众生的莫大的重任之义务和责任感而流下眼泪。

前面提到，迎新堂夫妇子三人，即天皇氏、地皇氏、人皇

---

① 《更定儒道概说》，全罗北道南原：更定儒道圣堂，檀纪4322，第10—15页。

氏三人受领天地公事之大任之后，天皇氏负责用天上一气来解冤人类，地皇氏负责消除人间罪恶，人皇氏传报人需奇别以解冤万民。为此，需有夫妇子三人的生死交易。这如同若没有夫妻之间的爱情交流就不能生儿育女一样。因此，天皇氏要想用天上一气来解救人类，则与地皇氏之间的生死交易是必需的。

1930年5月4日，夫人文氏在松柏木下自缢。从教理之角度来看，夫人的死亡正是生死交易。这样看来，所谓的生死交易就是，迎新堂的肉体虽然活着，灵魂则统率天上一气来到夫人的肚子里而死亡；相反，夫人的肉体虽然已死，但灵魂依附于迎新堂的肉体而活着。这样，生体变为死体，而死体又变为活体。也就是说，迎新堂的灵魂守护着死去的夫人之躯体，夫人的灵魂则转入迎新堂的活体，实际上这就应合了变易天地。即天地变为地天再变为天地的天地运度的大法正道。这时，迎新堂把原名基东更改为大成。

这样，迎新堂与死去的夫人的躯体一道，为日后一气再生、万民解冤之日化生而去了天上。夫人的灵魂则转入迎新堂的躯体尝试百草药（探知人心），炼就了海印药（解救世界之方法），直到1954年8月16日把人间的所有罪恶仙化（消亡）。

之后，迎新堂利用四至五年时间，以如狂如醉的状态周游各地。1934年开始，他在镇安云藏山著述《海印经》等经典的同时，又教诲弟子，并从事预言和治病活动。期间，他多次举行从韩半岛驱逐日本和西洋势力的公事。据说，1945年8月15日中午，他吩咐四名弟子举起太极旗高喊"朝鲜独立万岁"三遍。然后，对弟子们说，"事已了，进屋去吧"。这样，他预言到了"8·15光复"。

1950年4月，迎新堂上京请求同李承晚总统面谈，但等了一星期也未获准。1953年5月开始，他命弟子们邀请各国总统、大使及李承晚总统同其面谈，同时，又把《海印经》和"泪巾水教理"翻译成英文，用航空邮件发送给美国总统和上下议院议长以及联合国秘书长。1954 年 3 月，他的四名弟子因欲向自由党政府传达"实现世界和平的万古无比之大圣降临在韩国"的消息，被警方拘留一个月。同年 5 月 16 日，又有15 名弟子举着旗子准备出席亚洲反共大会，也被警方拘捕，并以"损伤国家威信"的罪名被拘留一个月。

当时，接到《海印经》和"泪巾水教理"的美国政府和联合国曾向韩国政府询问过有关更定儒道事宜，韩国政府则把对更定儒道的调查任务下达给了全罗北道警察厅。但是，因迎新堂的一些弟子们的诬告，事态逐渐扩大。1954 年 6 月 1 日，全罗北道警察局出动所属武装警察 50 余人，对包括迎新堂在内的元老干部进行殴打、拘捕。正是由于遭到警方的殴打，迎新堂于 8 月 16 日去世。这一事件又称"大和中兴国"事件。所谓的"大和中兴国"是迎新堂使用的用语，意思是说"天下以道德文明畅达精神文化，吾国自然成为大和中兴国。成为大和中兴国天下就会太平"。当时警察局认定，迎新堂以建立中兴国为目标，组织类似宗教来惑世惑民，妄图颠覆大韩民国，自己在鸡龙山登基为郑氏王。这个事件到了 1956 年由大法院判决无罪而告终。

迎新堂的教诲可以归纳为，以仙的造化、佛的形体、儒的规范为基本，实现仁义礼智；以格物致知和诚意正心，做到修身齐家治国平天下；用天上一气解冤人类，并以韩半岛为中心建设地上乐园①。

---

① 金洪喆："更定儒道的新世界建设理念和方向"，韩国民族宗教协议会编：《新千年民族宗教的进路：韩国民族宗教总论》，第 228 页。

更定儒道的正式名称（道名）是"时运气和，儒佛仙、东西学合一，大道大明，多庆大吉，儒道更定，教化一心"。因为道名太长，世人又简称为"一心教"。

Ⅲ. 民族宗教的思想特征

从民族宗教创始者的思想和教诲中，我们可以发现很多共同之处。之所以会出现一致的内容，是因为它们都是以共同的历史体验和文化传统为基础而展开的。在民族宗教的教理和思想体系中，构成其主轴的是开辟思想和民族主体思想。民族宗教的整个教理都是围绕着这两个思想而形成并加以系统化的。因此，在这里我们主要考察民族宗教的开辟思想和民族主体思想这两个核心思想。

1. 开辟思想

"开辟"这一术语是包括东学在内的大部分民族宗教思想中极常见的提法，特别是在正易的先天后天思想中，成为被强调使用的术语。

当然，对于韩国的民族宗教和其他新宗教的历史观产生影响的并非仅仅是正易，其他包括《郑鉴录》、《格庵遗录》在内，扩散到朝鲜后期民众世界的秘诀思想和佛教的弥勒信仰以及基督教的千年王国的末日论等都产生了相当大的影响[1]。但

---

① 姜敦求："韩国新宗教的历史观"，《现代韩国宗教的历史理解》，京畿城南：韩国精神文化研究院，1997 年，第 269～300 页。

是其中影响最大的可以说是正易。对于此，我们从大部分民族
宗教都把宇宙和人类的历史变动按"先天后天"逻辑来展开的
事实当中可以窥见。

"开辟"意味着社会体制向与现存的社会体制完全不同的
方向转换。大部分的民族宗教把宇宙和人类的历史划分为"先
天"和"后天"两个时期，并把现代定性为从"先天"向"后
天"过渡的"大转换时代"或"先后天交易期"①。这里所讲
的"先天"，就是指以矛盾和不和谐为特征的"旧的时代"。反
过来，"后天"指的是新的秩序展开的"新的时代"，是人的自
由和平等、和平、福祉能够得以实现的时代。

先天和后天的社会秩序相异，意味着统合社会的基本轴心
或根本原理不同。譬如说，甑山主张引领先天时代的根本原理
是"相克之理"，而开辟之后所到来的后天时代的根本原理则
是"相生之道"。其他的民族宗教思想中也都体现出了和甑山
的说法类似的逻辑和论调。

从现有的社会秩序向新的社会秩序过渡的转换时期，自然
会产生一些矛盾和纠纷，出现一些新的问题。甑山强调，先后
天交易期里会出现先天时代所积累下来的所有的矛盾和问题，
在先天结怨的个人、团体、阶级、国家、民族都企求解冤。甑
山进而指出，在开辟的时代，社会会陷入混乱，由此产生的社
会问题也会剧增。不仅如此，这个时期伴随着三灾八乱，会出
现医学上难以治愈的"怪疾"的流行。和上述甑山的说法类似
的内容也出现在其他的民族宗教的思想当中。

----

① 更定儒道认为至今为止的世界是"后天世界"，而行将到来的世界才是
"先天世界"。但主张现代的世界是充满矛盾和不和谐的世界，行将到来的世界才
是理想世界，其说明方式与其他宗教相一致。

民族宗教都把"开辟"看做是一个历史的必然过程，而且认为，开辟时代的到来，与其说是人的意志或努力的结果，不如说是预定的宇宙秩序或三界的主宰者具有的超越性权能的所为。例如，天道教强调，后天开辟意味着依据历史循环的天运的恢复[①]；水云教把宇宙最大的循环单位一元，即把129600年分成两半，先天数64800结束，后天数64800开始，这是天道意义上的开辟；如果把一元按43200年分成三等份，则这是人事意义上的开辟[②]；更定儒道认为，天地大道运数是经历着按照天地、周易、阴阳的法则，每4320年大循环一次的循环过程[③]；甑山则教诲说，开辟时代是靠拥有三界大权的自己的权能来实现的[④]。

在一般情况下，初期的宗教运动强调开辟的紧迫性。因此，强调开辟或末日就在眼前，由此而来的灾难也将到来。另外一些宗教团体还揭示出了逃避那些祸乱和灾殃、进入后天仙境的秘法[⑤]。大多数的早期宗教运动一般都是以渴望旧世界的终结和新世界的到来的民众的期盼为基础而展开的，因而，都把类似这样的开辟或者终结的迫切性当做动员民众的主要方法。不仅如此，在早期宗教运动中常常暴露出来的狂躁性和急进性以及逸脱性，都程度不同地与开辟的紧迫性相关联[⑥]。早

---

① 洪章和编著：《天道教教理和思想》，第59页。

② 水云教教理研究院编，同上书，第473—479页。

③ 《更定儒道概说》，同上书，第169页。

④ 《大巡典经》，4：1。

⑤ 比如，背诵特定的咒文或者持有符籍，以及避身到特定地区，这些都是普遍被揭示的秘法。

⑥ 黄善明："狂躁性宗教运动的发生与展开"，《民众宗教运动史》，首尔：钟路书籍1980年版，第36—59页。卢吉明："新兴宗教的集团结构和集团心理"，《韩国新兴宗教研究》，同上书，第227—248页。

期宗教运动主张颠覆现有的社会秩序，表现出一种攻击性姿态，或者企求与现存社会秩序的隔绝，表现出一种逃避性态度，或多或少地与开辟和末日心态相关联。

但是，类似这样的早期宗教运动中表露出来的攻击性姿态或逃避性倾向，经过逐渐的制度化过程，开始发生了一些变化。就是说，宇宙的开辟也好，世界的末日也好，主张历史急剧末日的急进历史观转化为主张历史渐进性变化的历史观。而且，以往认为开辟或新的社会秩序的到来是有三界的运行法则或超越者的摄理而成为可能的态度也发生了变化。人们开始意识到，要造就新的世界，人类自身的自觉的努力也是非常重要的。例如，天道教、水云教等东学系教团解释道，"后天开辟"不是指"开天辟地"，而是意味着人类历史和文化领域的全方位的一大变革和新的创造之交替的以人为本的"文化开辟"，具体来说，包括精神开辟、民族开辟、社会开辟等三方面的内容①。另外，现在大部分甑山系的教团也举出"谋事在天，成事在人"的甑山的教导，主张三界大权的主宰者甑山虽然通过天地公事从根本上改变了三界的运行秩序，打下了后天仙境的基础，但要想实现后天仙境的到来，则必须靠人类自身的努力。其他的诸如大倧教、圆佛教等大部分民族宗教也纷纷主张历史的渐进性变化和发展②。

"开辟"意味着旧秩序的清算和新秩序的到来。从内容上看，"开辟"主要强调两点：一是人的尊严的恢复；二是理想

---

① 洪章和编著：《天道教教理和思想》，首尔：天道教中央总部，1990 年，第 58—67 页。水云教教理研究院编《水云教真理》，大田：水云教，第 479—484 页。

② 姜敦求："韩国新宗教的历史观"，《现代韩国宗教的历史理解》，第 303 页。

世界的再现。而且，这两方面的内容有着内在的关联。

　　民族宗教所主张的人间观，在不同的宗坛里其内容和解释
也有所不同。但是，其性质可以概括为"人尊思想"乃至"民
众思想"。

　　当然，人的尊严问题是包括西方宗教在内的绝大多数宗教
都在标榜的思想。但是，西方宗教认为人类是上帝创造的，是
上帝赋予了自由意志，所以人是有尊严的。换句话说，西方强
调的是以神本主义为基础的人的尊严性。与此相反，韩国的民
族宗教把人和神等同起来看待，甚至有时候把人看做是比神更
高贵的存在。

　　如东学的"侍天主"信仰和"人乃天"思想；主张"在先
天时代是谋事在人、成事在天，而现在是谋事在天、成事在
人①，比起天尊、地尊，人尊更大，现在是人尊时代"② 的甑
山教的人尊思想；"天是我的姓，神是我的灵，倧是我的道"、
"先天和后天唯我尊大"的大倧教的"三我思想"③ 和弘益人
间思想；"人不管是菩萨还是圣子，或是凡夫众生，从根本上
都是契合于一圆之真理的存在"的圆佛教法身佛一圆相信仰；
迎新堂夫妇子三人修行的"生死交易"是为了养天上一气，灭
人间罪恶，广济苍生的"天地大公事"的更定儒教的"泪巾水
教理"等，都可以看做是基于这种人间观的思想或教理。

　　另外，民族宗教的"开辟"思想中内在着人间尊严性的恢
复与对理想世界的向往。开辟后将要到来的理想世界，诸如
"后天仙境"、"地上天国"、"后天龙华世界"、"地上仙境"、

---

①　《大巡典经》，6：106。

②　同上书，6：119。

③　《大倧教寮监》，首尔大倧教总本社，开天4440，第105—106页。

"新天地"、"无量极乐国土"等，虽因宗坛不同而异，但其面貌和性格是统一的。

民族宗教所强调的理想世界是同现在的状况完全不同的世界。他们所讲的"今天的世界"，即先天世界是被恶所支配的"旧的世界"。所以，在先天世界里充满了矛盾与不和谐，个人与团体、阶级、民族、国家之间的对立和纠纷时常发生，压迫和贫困制约着人的现实状况。但是，在行将到来的后天世界里，人的尊严会得到保障，贵贱、班常之间的差别被消除，是一个和平得到实现、福利得以体现的世界。

譬如，水云教所强调的"地上天国"，就是一个"人的肉体成为完整的地上神仙，地上和天上的兜率天合一形成地上仙境，地上的人间界和中天的兜率天结合上天的无量光界合一形成地上极乐世界"的世界①。甑山所揭示的"后天仙境"，是一个"没有嫡庶之名分和班常之差别②，废除贫富之差别③，正阴正阳来实现男女平等④，美食佳肴和好的衣服放在屋子里，所有事情应于自由意志，服从于神命，乘运车飞翔天空去远处和险处⑤……不烧火也能做饭，手不粘泥土也能做农活……薄田也能变成玉田"的世界⑥。还有，更定儒教所揭示的"乐园世界"，即"儒、佛、仙合一的春的季节"，是"国家统一，万民解冤，忠、孝、烈道德善心得到解冤，用道德文明实现万国和平，消除西洋科学文明的弊端，东洋的精神道德文

---

①　水云教教理研究院，同上书，第582—593页。

②　《大巡典经》，3：5。

③　同上书，5：16。

④　同上书，6：134。

⑤　同上书，5：16。

⑥　同上书，5：18。

明极度发达，形成地上天国和地上乐园"的世界①。

总而言之，民族宗教所揭示的开辟以后的理想世界，是一个"消除所有的不平等和压迫，恢复人的尊严，实现和平，展现物质丰饶"的世界。这样来看，韩国民族宗教所强调的"开辟"，就是通过人性的恢复，确立在封建社会的解体和阶级矛盾深化的过程中受压迫的民众的认同意识，是要改变民众的现实状况的强烈的意志的表露。从这个意义上来看，韩国民族宗教的开辟思想既是韩国近现代史特征之一的阶级矛盾的告发，同时又是民众的解冤，是一种向往解放的强烈愿望的表露。

韩国的民族宗教有时被称作"民众宗教"，是因为这些民族宗教的思想中包含着对阶级矛盾的辛辣的揭露和民众解放的号召。

2. 民族主体思想

和开辟思想一道出现在民族宗教教理体系中的又一重要特征是民族主体思想。民族主体思想主要体现为选民思想和民族文化继承思想。

民族宗教的选民思想在其教理体系中表现于多方面。

首先，表现在对民族宗教创始人的信仰上。民族宗教的创始人大多数作为打破旧世界、开创新世界、解救民众的救世主或济世主而被崇拜。这一点从创教人的称呼上也可以得到证实。例如，天道教把东学的创导者水云叫做大神师，水云教称作天师，甑山教则使用"天师"、"上帝"、"天父"、"天主"等数十种称号。更定儒道信仰创导者迎新堂是通过天地大公事而

---

① 《更定道游说》，第 167 页及第 169—173 页。

成为天皇氏的。其他的民族宗教也都信仰创教者就是实现开辟或者揭示新的真理、真法、原理的济世主。

其次，民族宗教的选民思想表现在对自身的教理体系的强调上。根据民族宗教的主要思想之一的开辟思想，现有的宗教价值和思想仅适合于"旧的时代"，对解决现在的社会问题以及引领即将到来的"新的时代"则带有明显的局限性。因此，民族宗教必须开发出适合于"新的时代"的新的宗教思想，而新出现的宗教思想就是他们自己的教理体系。

最后，民族宗教的选民思想还通过对韩民族的认同感的解释表现出来。大倧教的教理指出，韩民族是继承拥有造化、教化、治化三大权能而下凡人世间的天倧血脉的民族。天倧是指人格化的上帝。因此，韩民族是直接继承天倧血脉的民族，也就意味着韩民族是继承上帝血脉的民族，是天孙、天民。这种认为在自己身上流着上帝血液的"天民思想"，比起为拯救人类而被选择为上帝工具的以色列民族的"选民意识"，表露出了更强烈的民族自尊心和使命感。

这种天民意识不仅在以大倧教为代表的檀君系宗团中如此，而且，在那些教系虽然不同但也受容檀君信仰的其他教派中也一样。

上述这些信仰直接关联于强烈的选民思想。创教者为救世主或济世主的信仰，意味着它是以韩国人的面貌降临在韩国。因此，不管用什么样的称呼来称谓韩民族，终究意味着韩民族是被选择的民族，是迎接救世主或济世主的民族。而且，符合"新世界"的"新真理"、"新真法"就是自己的教理体系的主张，意味着拯救世界人类的指南书是从韩半岛向全世界传播开的。还有，韩民族直接继承了上帝之血液的所谓天民意识，则会唤起韩民族才是世界所有民族中最优越的民族的意识。

　　另外，天民思想还导致了对国家和民族前途的乐观主义的展望。救世主或济世主出现在韩半岛，照亮"新世界"的"新真理"、"新真法"、"新原理"从韩半岛扩散于全世界的信仰，直接与"韩半岛是照亮世界的灯塔，韩半岛成为世界的中心、成为主导世界史的上等国，进而所有国家都敬慕韩国，韩国语将成为世界的'祖国语'或'母国语'，地上天国或后天仙境也都是以韩国为中心"而展开的信仰相关联①。

　　这种信仰的具体体现如下。

　　水云歌词："抛弃十二诸国，我国运数"，"天主不顾我身来保全我国运数"②。

　　甑山的说法："（将被揭开的）真法会出现（在我国）"③，"朝鲜将会成为世界上等国"④，"我国将会得天下"⑤，以及"其后天下会（以我国为中心）成为一家子"⑥。

　　少太山的说法："朝鲜会成为最强的指导国"⑦。

　　更正儒道的思想⑧："我国将会成为万国的'师弟国'，

---

　　①　卢吉明："韩国新兴宗教运动的思想特征"，《韩国新兴宗教研究》，第39—62页。

　　②　《龙潭谕词》之"安心歌"。

　　③　《大巡典经》，3：143及3：165。

　　④　同上书，4：168。

　　⑤　同上书，5：25。

　　⑥　同上书，5：16及3：183。

　　⑦　《大宗经》，展望品23章（《圆佛教典书》，全北裡里，圆佛教中央总部教政院，1989年，第393—394页）。关于少太山的民族观请参看，柳炳德，《圆佛教与韩国社会》，首尔：诗人社1988年版，第76—77、83—84页。梁银容，"少太山大宗师的金刚山法文与民族观"，《圆佛教思想》，第21集，圆光大学圆佛教思想研究院，1997年，第365—381页。

　　⑧　韩阳元："更定儒道要到达的新天地建设与其伦理道德"，甑山宗团联合会，《韩国民族宗教与伦理道德》，忠南礼山：顺民社1995年版，第209页。

世界的'第一国'、'中原国'、'父母国',天下的'宗主国'"。

民族宗教的这种天民思想伴随着民族优越意识自然会引发使命意识,即被上天选择的民族的意识自然引发出承担解救人类和主导世界历史之责任的民族的使命意识。如大倧教认为,被称作天孙、天民的韩民族应具有为实现弘益人间和理化世界之理念而投身的使命意识。在大倧教的祭天仪礼的意义世界里忏悔成为重要要素的事实,也与此相关联①。这样的使命意识可以说展现出了克服朴素的民族优越意识所伴随的国粹主义的危险性及其成长为人类普遍宗教的可能性。

民族宗教的天民思想也可以解释为,通过把外势强加的苦难和痛苦投射到宗教而体验到新的复活的心态。即民族宗教把受欺辱于外势的民族的苦难解释为作为上天选民的条件或过程,并通过它否定或克服过去那种充满劣等与不满的自我。不仅如此,民族宗教通过这种宗教般的升华过程,把过去的受害意识和绝望意识逐渐升华为作为选民所应具有的使命意识。

在这里,民族宗教的选民意识作为一种手段或工具,起到了恢复长期受压抑的韩民族的自豪感和自我尊重信念重要的作用。

民族主体思想的另一重要表现,就是传统文化的认同感的确立、继承及其发展。民族宗教把韩民族传统的圣俗融合、灵肉双全、政教一致、精神和物质的和谐等思维形态几乎原封不动地继承下来。不仅如此,它们还把在外来文化的冲击下急剧毁损的民间信仰和传统文化重新系统地加以整理,企图恢复文

---

①　卢吉明:"大倧教的祭天仪礼",《韩国新兴宗教研究》,第 196—199 页。

化层面上的认同意识。因此，民族宗教的教理和思想中，传统宗教的思想和以往的民间信仰几乎一个不漏地全部被吸收①。这一点，我们从"吾道本非儒、非佛、非仙。吾道为儒、佛、仙的合一"的天道教的主张②和"昔日版图小，事情简单，因而可用一种宗教也可治理好乱世。但如今版图大、事情复杂，因而要吸收所有宗教和文化的真谛而统一使用，才能治理好乱世"的甑山的教诲③及强调"儒、佛、仙合一的春季节"的更定儒道的道理④，不仅吸收了韩国的固有思想，而且还收敛了现有的宗教和民间信仰，从揭示新思想的少太山的思想⑤中可窥见一斑。

　　总之，在民族宗教运动中强烈地表露出来的民族主体思想，既是对韩国近现代史上重要特征之一的民族矛盾的揭发，同时又是民族解放的宣言。通过这些思想，韩国的民族宗教一方面要恢复长期以来受外势欺辱而受损的民族自尊心，另一方面承诺民族的光明的未来，明确了民族发展方向和使命感。这就是长期受压迫和奴役的民众和韩民族的解冤和"xinbalaum（神风）"。而这一点又恰恰表明了韩国的民族宗教运动也就是确立民族认同意识的运动。

---

　　① 卢吉明："韩国新兴宗教运动的思想性质"，《韩国新兴宗教研究》，第52—60页。
　　② 李敦化：《天道教创建史》，1970年，第47页。
　　③ 《大巡典经》，第8—9页。
　　④ 《更定儒道概说》，第169—173页。
　　⑤ 参看少太山诞辰一百周年纪念论文集：《人类文明和圆佛教思想》，少太山大宗师诞生百周年纪念论文集，上集，少太山大宗师诞生百周年盛业丰赞会，1991，第二篇，请参看《韩国思想与少太山思想》里的20篇论文。

Ⅳ. 韩国民族宗教运动的课题

前文所述，韩国的民族宗教运动是在近代史和现代史的激浪中展开的。这些运动既揭发了在资本主义和帝国主义冲击下日益深化的阶级矛盾和民族矛盾，又努力探索解决这些矛盾的应对方案。通过这些努力，民族宗教一方面启发民众意识，把民众的力量凝聚在一起，另一方面强调民族的正统性和民族文化的优越性，为确立民众和民族以及民族文化的认同感，为继承和发展民族传统文化起到了很大的作用。

但是，除了上述这些积极的和肯定的一面之外，民族宗教还具有多方面的局限性以及亟待解决的课题。曾经非常活跃的民族宗教的一些教团急速萎缩的原因也在此。在这里，我们主要考察韩国民族宗教运动所面临的课题。

1. 宗团的制度化工作

宗教的制度化指的是，以宗教创始人的宗教体验为基础而形成的宗教集团向确定的宗教发展的过程。这一过程是从确定教团与社会的关系以及教团内部机构的体系化这两个方面展开的。

任何宗教都是发生于社会，并在社会中起作用，又在社会中发生变化的。因而，宗教的存在和发展离不开与社会的关系。宗教与社会建立怎样的关系，不仅关系到宗教的社会功能的发挥，而且是决定宗教自身的生存和发展的重要因素。宗教社会学家费拉（Robert N. Bellah）认为，宗教与社会的良好的关系意味着宗教在社会分离和社会融合之间维系创造性的紧张状态，也就是说宗教既追求超然世界，又容纳世俗秩序①。

这一期间，民族宗教应对社会矛盾的方式也是多种多样的。大多数民族宗教是通过对民众的启发和组织化以及积极参与社会的方式来克服社会矛盾的。但也有一些民族宗教断绝与社会的关系，隐居在深山中或在特定地区，安居于属于自己的共同体生活。还有一些民族宗教由于对开辟或末日的急躁情绪，不仅未能对社会发展做出贡献，反而受到社会非议②。

如果与费拉的观点相比较，民族宗教要想完成其教团的制度化，与其回避社会或者企图颠覆现有的社会秩序，倒不如接受或认可现存的社会秩序，并把自己所追求的价值理念体现在现存世界，保持一种创造性的紧张状态。如果这样的话，民族宗教就会既对民族的统合与发展做出贡献，又能维持自身的存在价值。

宗教内在结构的组织化工作，可以从教理和价值体系的确立、仪礼的制度化、宗团的组织化这三个层面上展开。

教理或价值体系的确立，需通过对宗教创始人的启示和教诲的阐释来完成。宗教的生命力和能动性不在于创教理念的根本变化，而在于随着时代和环境的变化实现其理念的具体化的方法上。因此，问及创教理念的本质和其存在意义的工作，就是防止理念的化石化的工作，就是明确自己的存在意义和时代使命的途径，同时也是迈向宗教革新的出发点。民族宗教创始人所揭示的理念和价值不是偶然的产物，而是历史必然的产

---

① Robert Bellah ed., Religion and Progress in Asia, New York: Free Press, 1966. （朴永信译），请参看《社会变动的象征构造》，首尔：三永社 1981 年版，第 164—175 页。

② 黄善明：《民众宗教运动史》，1980 年。

物；不是空虚的理论，而是对民众和民族所遭受的苦难的反思和体验以及人间关爱的产物。这是绝对不能变化的信仰的核心。因此，民族宗教重新阐释创始人揭示的创教理念的本质及其存在的意义，可以说是持续和加强民族宗教的存在价值及其生命力的一项重要的工程①。只是这项工程必须超越观念化的层次，以生活伦理的方式加以具体化。

宗教仪礼的制度化也是韩国民族宗教所面临的重要课题。人类的生活样式不仅仅是通过语言来表现出来。语言无疑是表现人的思维和生活的重要的疏通工具，但单靠语言是无法充分地描绘出人的生活全貌。在人类的生活当中，有些是不能用语言表达的，或者即使能用语言表达也有一些表达不充分的地方。传达那些用语言无法表达或表达不完整的内容，可以通过肢体语言，即用动作来传递。在宗教领域表达自己的信仰的动作就是仪礼。因为宗教仪礼是继续生产并强化宗教体验和信仰的重要要素，因此，在构成宗教世界方面是不可或缺的。

但是相当多的民族宗教的仪礼水准还没有摆脱单纯的对信仰对象的虔诚、颂咏咒文、携带符籍等阶段。类似这样的单纯仪礼在初期，很容易与急于摆脱现世疾苦的民众的热望结合起来，有利于动员民众。但是，随着社会的变化所面临的问题或追求的意义和价值内容发生变化，或者信徒们的知识水准得到提高的时候，再满足他们的宗教欲望就显得力不从心。因此，为了满足民众的宗教欲望、强化宗教热情和宗教信仰、持续不断地生产宗教体验，有必要形成和发展更加稳定的、系统化、标准化的宗教仪礼。

还有，教团的组织化也是民族宗教所面临的重要课题。在

---

①　卢吉明：《韩国社会和宗教运动》，1980年，第229页。

宗教运动的初期，宗教创始人所具有的强有力的号召力和人格魅力，往往会成为聚合信徒、加强组织的凝聚点。但是，一旦创始人离开人世，那么成为组织统合的凝聚力急剧变弱，或者丧失其凝聚点，直接会导致教团的生存危机。创立早期显得非常活跃的很多宗教，在其创始人去世以后迅速被瓦解或分裂，就是因为丧失了创始人所拥有的号召力。在没有解决零散的组织体系和造成分裂的教团内部的问题的状况下，创始人的理念或教诲难以很好地传达到民众世界，改变现实世界更是难以期待。

　　为了完成教团的组织化工作，有必要接受不同阶层的不同的要求。大多数民族宗教都是以那些难以适应社会急剧变化的民众阶层为对象开展宗教活动的。但是，要想在像现代这样分化的社会里开展宗教活动，就必须超出阶级宗教的水平。与此相关联，有必要参考宗教社会学家詹斯顿（Ronald L. John-stone）的解释。詹斯顿认为，宗教要想作为一个组织而发生作用，就必须具备以下几个条件。第一，确保新的教徒或教徒的再生产；第二，教育并训练新教徒的社会学；第三，满足信徒们最基本的要求的财物和劳动力的生产与分配；第四，为了向信徒们赋予遵守团体规范、追求团体目标之动机的秩序的维持；第五，与对组织的贡献相一致的目的性感觉等[①]。但是不管怎样，作为一个宗教要想把自己的理念展现在现实世界，就必须有一个稳定的、高效率的组织体系，这一点是不容置疑的。

---

　　① Ronald L. Johnstone, *Religion and Society in Interaction*：*The Sociology of Religion*, Englewood Cliffs, N. J.；Prentice-Hall, 1975, pp. 101－106. 李元奎：《宗教社会学理解》，首尔：社会批评社 1997 年版，第 350—352 页。

2. 信息化和世界化潮流的应对

现代社会正在发生急剧的变化。当今的社会变化不是发生在社会的某一个领域，而是牵动着社会整个领域，而且其变化的速度也呈现出逐渐加速的趋势。特别是伴随交通与通信手段的发达而来的信息化浪潮，加速了长时期断绝的价值、理念、宗教的区域性移动，把世界变成一个"地球村"，甚至是"地球家庭"，世界正急速地向多元社会变化。

信息化和由此而来的世界化浪潮不仅改变了传统的生活样式，甚至改变了制约人类社会性行为的已有的价值和意识结构。不仅如此，信息化、世界化的冲击不仅对宗教的社会功能，而且对宗教的认同感自身也提出挑战。民族宗教是在应对"近代化"冲击过程中产生的。给以农业为根基维系传统的生活方式的朝鲜社会带来冲击的资本主义和帝国主义的势力，不仅对传统文化，而且对国家和民族的正统性构成威胁。民族宗教正是在应对这些冲击的过程中产生的。但是，现在面对的是信息化、世界化的后现代浪潮的冲击。这不能不说是对民族宗教认同意识的新的挑战。

对于信息化和世界化浪潮的冲击的民族宗教的对应可以从两个方面进行确立。一是民族认同感的确立；二是揭示与世界化、信息化浪潮相适应的普遍价值和伦理。

民族认同感是以民族的根源和本质以及对民族使命的意识为基础而确立的。信息化，特别是在网络空间上的扩散，冲淡了个别区域社会或国民国家所固有的文化、语言、地理的界限，促进新型的巨大的社会体系，即所谓的"世界社会"的登场[①]。但是这样的潮流并没有弱化民族概念。信息化所推进的世界化的含义，被规定为因时空的压缩而引起的彼此间相互依赖性的增大和结构、文化、行为在世界范围内的相互连接的增大的世界，但不能把其内容用同型化、标准化来解释。信息化的到来不仅促进世界化，而且还促进地方化。今天的世界以全球为单位出现了国界的内容发生变化的世界范围内的相互作用的同时，又出现了地缘政治学意义上的以邻近为根基的区域共同体。与此同时，民族化的、地方化的特殊性的存在价值开始得到认可[②]。

为了在异质性的价值共存的多元化的社会里生存下去，首先必须要明确认识"我是谁"，"我担负的使命是什么"等问题。这在民族层面上也是一样的。即在确立民族和民族文化认同感的同时，要明确世界化时代所承担的民族的使命。这正是当今世界所提出的民族课题。这个课题，首先对那些一直把民族和民族文化的认同意识的确立看做是重要课题的民族宗教提出了要求。但是，在履行时代赋予的课题时，要注意在排斥国粹主义态度的同时努力维持普遍主义视觉这一点。

另一方面，民族宗教为了应对信息化和全球化，必须揭示比较切合后工业社会的价值和伦理。后工业社会所要求的价值和伦理，与产业社会的要求是不同的。在工业社会里主导性的价值和伦理就是合理性。西方人依据自己二元论的思维方式，追求合理性的同时，促进了科学化、产业化、民主化为特征的近代化。同时以这种思维和逻辑出发，他们认为西方文化才是

---

①　金钟吉："网络空间上的自我反省性"，LG交流合作研究所编《信息革命·生活革命·意识革命》，首尔：白山书堂1998年版，第251—252页。

②　朴吉星："全球化社会"，《现代社会的结构和变动》，首尔：社会批评社1996年版，第200—201页。

最优秀的，同非西方社会是通过西方文化向更好的方向进化和进步的文化优越主义一起，形成了单线度的社会进化的历史观。

　　但是，这种认识到了 20 世纪之后开始逐渐被打破。两次世界大战、苏维埃革命和苏维埃共和国体制的出现、法西斯和法西斯主义的登场、数百万犹太人被杀害、产业化和官僚制所伴随的物质主义和个人主义及人类异化现象的深化、伴随产业化和科学化而出现的生态破坏以及对核扩散的恐惧等，使人们开始对诸如西方的科学化和产业化是否真正解放了人类、民主主义是不是可能实现的体制、西方文化是不是最优秀的文化、人类历史是否会沿着更好的方向发展等等问题提出了根源性的怀疑。进入 20 世纪之后，开始出现的对西方文化的批判论①和 1960 年代以后在西方社会以青年人为中心迅速传播的"反文化运动"、"新灵性运动"② 等，就是以对西方文化的怀疑为基础、追求新的文化的代表性运动。

　　对西方文化的批判，带有揭发及其解决产业社会里所出现的问题的性质。因此，这样的批判是对伴随大量生产和大量消费所出现的问题、合理性和效率性原理所带来的人类异化现象的批判和探索对策为特征的。与后工业社会所强调的对生命、环境和自然的新的认识一起，要摆脱以对立和纠纷为特征的现有的二元论的思维方式的趋势，很好地表明了这一点。

　　上述这些新的认识又直接与东方文化的新认识相关联。最

－－－－－－－－－－

　　① 　Oswald Spengler, *The Decline of The West*, 1922. Ortega y Gasset, *The Revolt of the Masses*, New York：W. W. Norton and Co., 1957. Herbert Marcuse, One-Dimensional Man, Boston：Beacon Press, 1964.

　　② 　卢吉明："新灵性运动的展开与性质"，《新灵性（新时代）运动与福音化》,《分享与话语》，第 12 号，仁川天主教大学，2002 年，第 75—103 页。

近，在西方社会急速扩散一些气功、丹田、超越冥想、瑜伽等
东方的修炼方法，对佛教等东洋宗教表示关注等很好地说明了
这一点[①]。元晓思想也好，退溪思想也好，包括韩国传统的巫
术，开始受到西方学者的青睐，也都可以按相同的逻辑得到证
明。这些现象从另一个角度说明，西方人观念中的一直认为东
方文化是落后的、陈旧的视觉发生了变化。

　　这样的趋势更加明确了要提出适合于后工业社会的价值和
伦理的民族宗教的课题。民族宗教以包容和和谐为特征的韩国
人的思维方式为基础，把天、地、人三者间的关系不是对立而
是形成和谐关系来把握，进而强调生命、自然、环境的重要性
的同时，清算至今为止人类社会的对立和纠纷，强调相生的新
的生活。韩国民族宗教的共同的价值和伦理的和谐和融合以及
解冤和相生思想很好地说明了这一点[②]。正因为如此，可以说韩
国民族宗教的思想和伦理是最适合后工业社会的价值和伦理，
应当把民族宗教的这样的价值和伦理更加系统地加以发展，而
且应揭示出把这些价值和伦理在现实生活当中加以具体化的方
法。到了这个时候，韩国的民族宗教会发展成为世界普遍宗教。

3. 为民族的和解与统一做出努力

　　作为民族宗教所具有的重要特征之一，尹以钦指出了"约

　　[①]　Rev. Antoine Sontag，"西欧社会对东洋宗教的陶醉及其影响"，《亚洲人
的性格与宗教文化》，社团法人天主教宗教文化研究院创立纪念国际学术大会发表
论文集，1997 年 6 月 20 日，第 3—16 页。
　　[②]　卢吉明："现代文化的趋向与韩国的传统文化"，《2003 民族宗教传统精神
文化釜山地区大国民巡回讲演会发表论文集》，社团法人韩国民族宗教协议会，2003
年 6 月 26 日，第 47—50 页。

定从苦难中获得解救的民族的荣光"这一点。并且，他还强调
指出，民族宗教的这种性质内涵着"从压迫和苦难中获得解放
的韩民族荣光的未来，即所谓的新时代的期待和希望"，进而
补充说，"金一夫的正易思想以后，受他影响的后天开辟思想
成了民族宗教思想的共同的特征。而且开辟思想的具体内容在
不同的历史时期以不同的方式，诸如民众运动、抗日运动、近
代教育、社会改革运动等方式表现出来。"① 尹以钦的上述言
论，可以说指出了民族宗教要克服韩国近现代史中所出现的民
族矛盾、寻求民族的光明的未来和荣光而做出努力。

现在，韩国社会所要解决的最大的民族矛盾就是南北处于
一种分裂状态。这种状况是二战结束之后国际政治格局演变为
以理念为中心的资本主义阵营和共产主义阵营的对抗而出现的
冷战的产物。因此，南北分裂并非民族的要求和利害关系所
致，而是被世界列强的利害关系所强加的结果。在理念之间的
对立的格局下，或作为冷战体制的结果导致民族和国家分裂的
事例，包括德国在内也曾有过。但目前唯有韩半岛仍然处于分
裂的状态。这种局面成了阻碍民族发展的最大的绊脚石，成了
最深刻的罪恶。因此，如何克服这一矛盾，可以说就是当今韩
民族所面临的最重要的课题。

我们通过努力实现民族和解的方式去克服民族分裂，完成
统一大业。而旨在促进民族和解的努力，具体来说可以从两个
方向展开，即民族认同感的确立和南北协作。

民族认同感的确立是克服南北之间的紧张和对立的首要工

---

① 尹以钦："现代文化的趋向与韩国的传统文化"，《2003 民族宗教传统精
神文化釜山地区大国民巡回讲演会发表论文集》，社团法人韩国民族宗教协议会，
2003 年 6 月 26 日，第 287 页。

作。促进民族和解和统一的努力应避开理念和制度等敏感的政治话题,要从民族精神和民族文化的认同意识的挖掘和培养着手。继承和发展韩民族传统的精神,发挥其社会功能,是韩国民族宗教理应承担的历史使命。而且,这也是民族宗教在社会上确立自己位置的重要途径。如果我们离开了继承和发展民族精神的中心课题,那么韩国民族宗教界就会陷入巨大的破局①。

因此,寻找并确立民族精神和文化传统的作业是确认南北之间的民族同质性、促进民族和解和统一、克服民族矛盾的出发点,同时,它又是强化民族宗教的存在价值和整体性的方法。

这项作业首先可以从韩民族作为单一民族、是檀君的后裔、具有共同的文化遗产的事实的确认开始进行。并且,为完成这项作业,那些正视民族矛盾、投身于民族自尊之恢复的民族宗教理应站在前列②。

面临统一大业的国家的课题又与民族解放相关联。但是,要注意的是民族解放并不一定等同于民族主义的解放。因为根据具体情况,民族主义本身就内在着成为一种理念而变成化石的危险性③。为了防止民族解放运动的课题沦落为封闭的理念,应当包容多元化的价值理念。特别是显现为多宗教社会的

---

① 尹以钦:“为民族和解的民族宗教的作用”,《新千年为民族和解的宗教指导者大会论文集》,社团法人韩国民族宗教协议会,2001年11月16日,第80—81页。

② 卢吉明:“韩国近现代史与民族宗教运动”,同上书,第31页。

③ 朴钟和:“新世纪与和平:韩半岛”,《新世纪与和平:宗教的作用》,社团法人天主教宗教文化研究院主办第三届国际学术讨论会发表论文集,2000年6月1日,第82页。

韩国，如果追求以民族主义为中心的民族解放，那么又有可能引发新的社会问题。还有，寻求民族精神和文化传统，又同排斥所有外来东西的国粹主义是不同的。

促进民族和解和统一的另一途径和方法，就是加强南北协作。要想克服彼此间的对立和纷争，除了努力寻求并确认同质性之外，还要有支援对方一起渡过难关的利他主义行为的伴随。如其中一方面临困境的时候，对此实施适当的援助，这是消除不信任的最有效的方法。因此，实现民族和解和统一运动有必要通过物质交流和分享来展开。如果我们回避正在面临粮食危机的北方同胞，就无法实现真正的分享和相互理解，也不可能完成真正的民族和解和统一大业。

对北朝鲜支援事业首先要立足于人道主义的立场。人道主义是离开政治、理念、人种、宗教等要素，是一种减轻处于危机中的人们的痛苦、为增进他们的福利事业而努力的行为。人道主义援助是以实现人道主义为目标，立足于政治上的中立性、平衡性、独立性，无条件进行的无偿支援。但是，在国际关系上，人道主义援助往往背离其名分，起到了某种政治工具的作用，没有很好地坚持政治中立这一人道主义援助理应遵守的重要的原则①。

人道主义是以实践人间关爱为基本的宗教徒必需的道德要求。因此，立足于人道主义的对北支援事业，就不容许提出支援物品的使用检查等要求、理念等。只有以关爱自己同胞的爱心作为前提和出发点的时候，才会有真正的民族爱，才会有宗

---

① 李今顺："对北人道主义支援的方向"，《为实现民族和解和统一的教会的作用》，为了民族的和解与一致而祈祷讨论会资料集，韩国天主教主教会的民族和解委员会，2001 年 6 月 25 日，第 47 页。

教徒的真正的利他行为。

　　从民族的和解和统一这一点来看，对北支援活动具有多方面的意义。即它是拯救在饥饿、疾病、寒冷的折磨中受苦的生命的、立足于人类良知基础上的人道主义运动；它是清算彼此间的对立和仇恨、实现和解的南北协作实践运动；它是缓解南北紧张局势、实现和解共存的真正的和平运动；它是振兴因贸易自由化和市场开放而陷入困境的韩国的经济运动；它是预防北方政权的崩溃或吸收统一带来的诸多问题的发生、迈向统一的南北统一运动①。

　　这期间，为促进南北和解和统一的运动以不同的方式、在不同的领域积极地开展起来。特别是包括宗教界在内的民间机构的活动为缓解南北之间的紧张局势、促进南北和解和相互理解方面做出了重要的贡献。韩国民族宗教协议会作为韩国七大宗坛之一，也积极参与南北对话与交流，为南北和解和统一事业尽到了自己的责任。

　　对北方同胞的人道主义行为是清算民族矛盾、恢复民族自尊心的出发点。这也与民族宗教的宗旨和传统是相一致的。如果在这个问题上，民族宗教采取消极态度的话，民族宗教打出的名分就会失去说服力，民族宗教自身的存在价值也会大打折扣。正因为如此，对北方支援活动是民族宗教所能开展的最紧迫而重要的活动。若要想开展好这项运动，就必须有民族宗教共同体成员的绝对的理解、支持和参与。因此，有必要积极开展一些旨在提高这项运动的重要性认识、号召民众积极参与的教育和宣传活动。

---

　　① 《民族援助与统一》，首尔：韩民族互援佛教运动本部，1998 年，第573—577 页。

对北朝鲜支援活动意味着物力、人力资源的分享。但是，现在大部分民族宗教的教团规模较为零散，所拥有的人力物力资源也是非常有限的。即便如此，如果单靠争取政府的支援来实施对北援助活动是毫无意义的。人道主义实践也好，真正的分享也好，都是通过拿出自己的所有来实施的。从目前的情况来看，如果按各个教团为单位进行对北支援活动有较大困难的话，通过教团之间的合作，或者与其他宗教团体和社会团体联手的方式，开展对北支援活动也未尝不可。

4. 新宗教文化的形成

无论何种社会，都存在一种大多数成员信奉的、对社会所有领域产生强大影响力的支配性宗教。在这样的社会里，占支配地位的宗教，通过对社会文化的长时期的支配来维持社会体制的稳定，而宗教文化也会更加成熟。

但是在韩国社会，几百年来作为国家宗教而君临的儒教，随着日本帝国主义的殖民统治被迫退出支配地位以来，至今还没有任何一个宗教确保自己支配宗教的地位。而且，光复之后第一次享有的信仰和宗教活动自由，造成了一种使宗教积极为自身的成长、强化其影响力而开展各种宗教活动的社会氛围。

这种韩国的宗教状况对韩国宗教文化的性质产生了极大的影响。在多元宗教的状况下，各个宗教能够占有宗教优势的首选方法就是增加人力、物力资源。因此，各个宗教把"成长"当做宣扬宗教的最佳手段[1]。这样的宗教战略在光复之后，与

---

[1]　如在这一时期在新教方面占支配地位的论调就是"教会成长论"。参看李元奎：《韩国教会的现实与展望》，圣书研究社 1994 年版，第 180—198 页。

占统治理念地位的成长主义相结合，导致了把韩国宗教文化的主流价值倾向锁定在成长主义的结果。

成长主义对促进各宗教团体的量的增长起到了极大的推动作用。特别是改新教和天主教呈现出了足以受到世界注目的急速的量的增长[1]。

与此同时，韩国宗教界的主导理念自身伴有诸多问题也是事实。即与成长主义和亲美反共主义等世俗的统治理念的结合，一方面弱化了宗教内在的生命力和能动性，另一方面又成为阻碍健全的宗教文化形成的因素[2]。

与其普遍性价值和伦理规范的创造与揭示相比，更加注重于信徒的增加与物质设施的扩张的宗教的成长政策，把社会上的那些物质主义、竞争主义、个人主义、业绩主义、形式主义、权威主义等风气带进了宗教领域，同时把宗教团体的阶层结构也逐步转换成能够适应这种社会风气和主导理念的中产层中心，结果使下层成员感受到了一种冷落感。

而且，还有一些宗教团体把传教的主要方法与祈福或神秘体验结合在一起，不自觉地又扩散了狂热主义、欣赏主义等反知性主义的倾向和信仰。

今天韩国的宗教文化呈现出个人主义、祈福中心主义、

---

[1]　1992 年年底在美国发行的一家杂志发表的世界最大的教会排名来看，拥有 60 万在籍信徒的韩国首尔汝矣岛纯福音教会排在第一位，排在第二位的也是韩国的教会。据此资料，世界前 10 位的教会中韩国占 5 个，前 20 位中则占 10 个，而前 50 位中占 23 个。参看《朝鲜日报》，1993 年 2 月 8 日，第 23 版面。

[2]　姜源东："韩国教会的统治理念的再生产"，韩国产业社会研究会编，《韩国社会和统治理念》，首尔：绿豆 1991 年版，第 359—382 页。

形式主义、信仰与行动的不一致、反知性主义等特征也是出于这种原因[1]。还有，这种宗教的成长主义和反知性主义的倾向又触发了宗教之间的无休止的竞争和矛盾，成了阻碍社会统合的主要因素。接连不断地发生的对其他宗教设施和圣物的损伤和破坏行为，就是表露韩国宗教文化水准的很好的例子。

除此之外，韩国宗教文化所具有的问题还通过其他的一些现象也可以发现。基于传统的开辟思想和佛教的弥勒信仰以及基督教千年王国思想的时限末日论思潮的抬头，并由此而出现的抛弃学业、职业及家庭生活的现象，教团内部接连发生的大型贿赂现象，也说明了韩国宗教文化在追求量的增长过程中所出现的质的下降。

不仅如此，在韩国社会继续流行的时限末日论和宗教团体内部发生的贿赂事件，也清楚地反映了韩国宗教文化的现实。特别是宗教集团的贿赂事件，大部分与教团本身把自己的贿赂行为或不正之风加以圣域化，从而回避公论化倾向相关联[2]。在宗教集团把自身的资产和活动全部包装为神圣化、不愿接受社会的伦理价值规范或舆论的监督的时候，宗教界的不正之风蔓延得更加迅速而广泛，其程度和规模也愈来愈重型化和恶性化。因此，当这些教团内部的不正当行为一旦露出水面公布于世的时候，自然会成为重大事件或爆炸性新闻。

---

① 卢吉明："韩国宗教文化的性质和课题"，鼎山宗师诞辰100周年纪念会，《未来社会和宗教》，甑山宗师诞生百周年纪念国际学术会发表论文文集，圆光大学，2000年，第264—257页。

② 尹以钦："宗教的圣域化和社会公论"，林钟哲等：《韩国社会的不正之风》，首尔大学出版部1994年版，第211—237页。

因此，在社会上出现"韩国宗教界和那些'不实企业'一样迷惑于量的成长，而丧失了履行道德性张扬的本然性功能的能力"的批评[1]，甚至有在韩国社会是否能找到宗教生存的必要性的疑问[2]。这也都同韩国宗教倾向于追求量的成长、把世俗的主导理念和社会风气引进到宗教内部进行再生产的行为相关联。

一般情况下，大部分的新宗教运动都是作为现有宗教的对应运动的方式而展开的。同样，韩国社会的民族宗教运动，是在揭发现有的宗教因内部矛盾和外部冲击而陷入认同危机中的民族和民众的作用的局限性而诞生的。这表明民族宗教运动是要创造一种新的宗教文化的意识，民族宗教的发生论上的特征在创教者的教诲中也明显表现出来。

但是，宗教创始人的这些教诲在多大程度上能被后继者落实到实践中去，是很难用一两句话所能断定的。其间，一些民族宗教与其说是积极投身于社会和文化的改革和发展，倒不如说是在与世隔绝的状况下，表现出了安于自身共同体生活的倾向，还有一些民族宗教以羡慕的眼光来看待急剧膨胀的既成宗教的量的成长。标榜民族宗教的一些新宗教在社会上造成公论，也和他们的态度相关联。但是，民族宗教与既成宗教相比，还没有完全制度化和世俗化这一点，至少说明了在形成健全的宗教文化方面他们有可能做出贡献。问题是民族宗教初期所具有的能动性，如何在今天得以恢复，如何在社会中体现

---

① 吉喜成："21世纪韩国宗教文化的前景与课题"，《21世纪韩国社会与宗教文化》，社团法人天主教宗教文化研究院第二届学术讨论会发表论文集，1999年1月21日，第16页。

② 请参看崔俊植："韩国的宗教：关于存在当为性与否的问题"，《宗教研究》，第18集，韩国宗教学会，1999年秋季版，第43—65页。

出来。

民族宗教若想对健全的宗教文化建设做出自己的贡献，应致力于以下几个方面①。

第一，正如前面所指出的那样，通过不断地解释创教者的创教理念及启示，制定相应的实践方案而加以实践。这一点意味着民族宗教与韩国社会继续维持其紧张状态。

第二，民族宗教自觉地维护自身的道德性。如果一个宗教集团不能维持道德性，那么宗教文化也难以维持其道德性。这是不言自明的。

第三，应具有与社会的弱势群体一起开展宗教运动的愿望。民族宗教运动以民众宗教运动的形式展开。之所以在东学革命和"3·1万岁运动"等运动中能够为民族史做出贡献，是因为民族宗教不仅关心自己的成长，更关注和分担民众的痛苦，为民众的解放而努力。

第四，要走出狭隘的国粹主义框架。因为民族宗教强调"民族"，因此有可能抛去普遍价值意识而去执著于民族这一特殊性上。但是，狭隘的国粹主义反而会成为阻碍民族的发展或民族宗教自身制度化进程的绊脚石。

实际上，民族宗教的生命力及其存在价值就在于它能否创造出与既成的宗教文化不同的新的宗教文化。如果致力于创造新的宗教文化，那么不仅是民族宗教自身的发展，而且民族宗教对韩国宗教文化和韩国社会的发展的作用也会增大。

韩国社会的近代化进程是伴随着从 19 世纪后半叶涌入东

---

① 卢吉明："道德性恢复中的民族宗教的作用"，韩国民族宗教协议汇编：《新千年民族宗教的进路》，第 324—328 页。

亚的世界潮流而开始的。以资本主义和帝国主义为特征的"近代"化冲击，虽然迫使习惯于闭关自守的韩国社会也顺应世界历史的潮流而登上世界舞台，但是，这些变化与韩国社会内在的要求或韩民族的自主性无关，是被西方列强的利害关系所强制性地进行的。因此，韩国的近代史是在资本主义和帝国主义强迫下而展开的。

近代化的冲击所引发的社会矛盾主要表现在两个方面。其一是朝鲜王朝后期开始已经明显暴露出来的统治阶级对民众的压迫和掠夺进一步加深；其二是韩民族的历史不是由民族的自主性而是由于外部势力的利害关系而遭到歪曲。这种阶级矛盾和民族矛盾相互交错，成为了决定韩国近现代历史性质的重要的因素。

这样的社会矛盾不仅制约了民众的生活，损害了民族的自尊，而且还威胁到民族的认同意识，使韩国的近现代历史点缀为民族的灾难和民众的苦难。进而，为克服这些社会矛盾的努力也开始多方面地展开，而这些努力又以多种形态的社会运动的形式表现出来。从这个意义上，我们可以说韩国的近现代史就是民族矛盾和阶级矛盾加深的历史，同时又是克服这些社会矛盾的历史。

韩国的民族宗教正是在这样巨大的历史旋涡中，作为解决这些社会矛盾的对策而展开的。民族宗教的倡导者们就是为了恢复在社会矛盾深化的过程中毁损的民族自尊心，就是为了拯救深受痛苦的民众而创立宗教的。他们用开辟思想揭发阶级矛盾并解救民众，同时又宣扬选民思想和民族主体思想来恢复被损坏的民族自尊心。因此，民族宗教创始者的理念和教诲本身就是民众解放和民族解放的信号，同时也是要恢复民众和民族文化、确立作为民族国家之认同意识的积极努力的产物。民族宗教在统治势力的残酷镇压下，之所以能够担当东学革命和"3·1万岁运动"的主角，就是由于宗教创始人的理念和价值与民众的愿望相结合，从而作为社会变革的巨大的能量而发挥作用的。

但是，世界历史的走向正发生巨大的变化。那些表现为韩国近现代史特征的社会矛盾也并未被克服，如今的社会状况与开港时期和日本强占时期是大不相同的。世界历史的发展进程，从以产业文明为特征的现代社会过渡到了以信息和全球化为特征的后现代社会。韩国社会也位于这一历史进程中的中心地带。

同时，这些变化又要求我们要重新认识民族宗教。因为现有的机制难以适应新的时代潮流。在外来文化的冲击下，民族文化受到毁损、作为民族国家的认同感也被丧失的情况下，国粹主义可能有助于强化民族自尊性，保持民族文化。但是在人类生活在同一个生活圈里的今天，只强调向传统回归的国粹主义态度，难以承担它应尽的责任。

为了在社会化为特征的当今世界里发挥其应有的作用，其观点和作用应该在世界的层面上加以扩张。在韩国这一区域的、历史的空间，作为新宗教运动而诞生的民族宗教，要想应战世界化这一历史潮流提出的挑战，同时为了超越民族宗教这一特定框架而成长为世界宗教，自然要拓宽自己的认知世界。这不仅要脱离狭隘的认识，而且还要站在时代的平台上，重新对宗教创始人所揭示的理念和启示进行阐释，从而揭示出适合于世界化潮流的世界普遍价值和伦理。

韩国民族宗教具有充分的可能性。在民族宗教的理念和思想中蕴涵着相当多的后现代社会所要求的价值和伦理。其间民族宗教所经历的体验，也同样具有为人类社会做出贡献的内容和潜力。问题则在于为此付出了多大的努力以及如何有效地展开其功用。一言以蔽之，韩国民族宗教的发展前景也正在此。

第 二 篇

开港时期的民族宗教运动

金洪喆（圆光大学 名誉教授）

Ⅰ. 开港时期民族宗教运动发生的时代背景

在韩国，被称为民族宗教（新宗教、民众宗教）的新宗教始于崔水云创建的东学。水云创立东学之际，整个社会正处于人类历史上极其混乱的状态。自西方开展"文艺复兴"运动以来，人类的所有生活都建立在精神文明基础之上。在经历了中世纪的"黑暗"时期之后，政治、经济、文化等各个领域都兴起了回归人之本来精神的思潮。然而，进入 19 世纪后，这种思想界和精神界的人文基础彻底崩溃。

工业革命导致人类物质生活发生重大变革，大量生产出来的商品需要开辟新的消费市场。于是，发达工业国家拼命开辟殖民地，弱小国家和民族成为他们弱肉强食的对象。

在思想方面，实证主义排斥所有哲学、形而上学以及本质的世界，实证科学成为新时代公认的学问，以马克思主义为代表的唯物论作为新的世界观出现并在整个欧洲思想界传播。19世纪后半期，人类历史正处于精神世界向物质世界过渡的时期。如此强烈的唯物论和物质主义思想在人类历史上还没有出现过。

西方世界的这种思想混乱和以物质为主的殖民主义思想也波及东方。韩国和其他亚洲国家成为列强觊觎权利的角逐场。由此，韩国开始了备受煎熬的历史时期，而在这样的历史时期，发生重大的社会变迁自然也是不可避免的。

朝鲜王朝后期，韩国国内在政治、经济、社会、文化等方面的崩溃日益显著。500年来一直苟延残喘的世袭王权，在外戚的干预下出现了政治上的畸形现象——"势道政治"。纯宗之后，外戚横行，安东金氏更是凌驾于王权之上。在这种情况下，大院君执政后高举恢复王权的旗帜，推行锁国政策，由此陷入国际孤立。闵妃家族得势后，厉行开放政治。1876年与日本缔结《江华岛条约》（又称《丙子修好条约》），揭开近代韩国悲剧上演的序幕[1]。至此，韩国成为清朝、日本、俄罗斯等国争权夺利的舞台和角逐场。

哲宗在位时期，朝鲜财政中比较重要的制度——"三政"（田政、军政、还谷）也出现紊乱。在以农业自然经济为经济基础的封建王朝，农民是统治阶级生存的全部条件，所以一旦农民负担加重，制度出现紊乱，作为被统治阶级的农民就变得日益贫困。

朝鲜王朝中叶以来，曾经是维持官僚体制基本秩序的科举

---

[1]　虽然说江华岛条约上奏使臣等出现了近代的外交权关系，但针对国家之间的理解关系上看的话，主权还是被他们践踏，而且这是个不折不扣的不平等条约。

制度在实施过程中丧失了公正性。宪宗之后，随着外戚世世代代掌握大权，科举制度的公正性已荡然无存。

在闵氏家族垄断政权时期，科举考试的当选、落选几乎完全取决于金钱①。

自高宗二年，卖官鬻爵之风开始公开化。当时，朝廷以重建景福宫为名征收"愿纳钱"，并对"愿纳人"授予官职。通过这种途径获得官职的地方官吏，上台后自然千方百计地搜刮和掠夺，成为贪官污吏。由此，老百姓陷入水深火热、生灵涂炭的境地。

朝鲜王朝的纲纪废弛和贪官污吏、土豪的剥削和压榨，激起民众的极大不满，各地农民起义风起云涌。1862 年（哲宗十三年）始于晋州的三南地区农民起义，就是"三政"紊乱，特别是官吏残酷剥削和压迫的结果，是朝鲜王朝末期政治腐败的最好写照。从晋州农民起义爆发到 1894 年（高宗三十一年）东学革命，全国各地爆发了大大小小的农民起义 70 多起②，盗贼窜扰、阴谋造反的事件随处可见。

在这样的社会背景下，水云于 1860 年 4 月创立东学。东学的发展极为迅速，并由单纯的宗教信仰逐渐升华为农民的思想支柱。作为社会改革和排斥外来势力的政治力量，东学在三南地区迅速传播，成功聚拢了各个阶层的民众，开展了为教祖崔济愚申冤的运动（当时，崔济愚被政府处以"惑世诬民"的罪刑）。

1894 年 2 月 5 日，全琫准领导的农民军引发东学革命，

---

①　到甲午年（高宗三十一年），通过初试需要一千多两，通过会试则需要一万多两。（黄玹，《梅泉野录》卷一）

②　金洪喆：《圆佛教思想论考》，圆光大学出版局 1980 年版，第 17 页。

历时一年多，结果导致清日战争（又称甲午中日战争）爆发。日本在这场战争中获胜后又挑起日俄战争，使朝鲜半岛的疆土被日俄军队践踏。日本在日俄战争中胜利后，逼迫朝鲜缔结了《乙巳保护条约》，并提出高宗退位、解散军队、剥夺司法权等无理要求，充分暴露了其侵略野心。1910 年，随着《日韩合并条约》的签订，朝鲜王朝宣告灭亡。从此，韩国进入屈辱的殖民地时代。

东学革命后，各地也兴起了义兵运动，与日本宪兵展开武装斗争，向全世界表达反抗日本侵略的愤懑，但大都在日本的武力镇压下惨遭失败，朝鲜最终被日本吞并，进入暗无天日的漫漫长夜。

在人间社会，天灾人祸、疾病瘟疫的发生是常有的事。但唯独在韩末的朝鲜社会，传染病、大火灾、流言飞语、洪水、干旱、荒歉等灾难却始终不断。当时典型的传染病称为"怪病"、"轮行病"、"疹疾"，也就是我们今天所说的霍乱。在《朝鲜王朝实录》、《日省录》、《备边司誊录》等文献中，关于这种疾病发生的记载随处可见。例如，1821 年（顺宗二十一年）至次年 10 月全国霍乱流行[①]、1833 年 5 月爆发的霍乱肆虐三年[②]、1867—1879 年全国流行严重霍乱等等[③]。

1888 年，关于外国人专门抓小孩并把他们吃掉的传言搅得朝鲜国内人心惶惶。1861 年和 1880 年，咸镜道和平安道的百姓不堪暴政，纷纷逃至俄罗斯和满洲，其人数达 10 万。洪水、干旱、饥馑、荒歉也接连不断，全国各地盗贼蜂起[④]。

---

① 《纯祖实录》，纯祖二十一年八月十三日条。

② 《纯祖实录》，纯祖三十三年五月条。

③ 《备边司誊录》，《高宗实录》，高宗十六年六月二十日条。

④ 金洪喆：《圆佛教思想论考》，第 19—21 页。

　　与此同时，朝鲜半岛宗教界的混乱也一发而不可收拾。韩国固有的儒、佛、道三教已然丧失了宗教的基本功能。固有信仰成为巫堂的迷信舞台；佛教被儒教排斥，退隐山林，独善其身，沦为与世俗毫无瓜葛的软弱宗教；儒教徒具虚礼和空谈的外壳；道教则沦落为无所事事之人的养生术①。

　　正是在这种世界思潮和价值观发生急剧变化、国内政治、经济、社会、思想混乱不堪的形势下，许多宗教领袖纷纷登场，他们向民众描绘克服现实痛苦的未来仙境，韩国民族宗教（即新宗教）应运而生。当时，民族宗教领袖们都不约而同地针对现实社会进行了诊断，提出了摆脱困境的方案，他们跳进民众的洪流中，强有力地开展了各种运动。

　　对此，本文仅以崔水云的东学、天道教思想及其运动、姜甑山的思想及其运动、罗弘岩的思想及其运动为中心进行考察。

Ⅱ. 水云崔济愚的时局认识和东学运动

1. 水云的时局认识与应对

　　东学创始人水云（崔济愚，1824—1864），经过长期求道，于1860年4月5日宣布从上帝那里得到灵符。他说："吾有灵符，其名仙药，其形太极，又形弓弓。"② 短短一句，看似简单，但却包含了隐藏在当时民族、民众心中的欲望和追求、东

---

　　①　圆佛教精华史篇，《圆佛教教史》，圆佛教中央总部，1975年，第18页。
　　②　《东经大全·布德文》："吾有灵符，其名仙药，其形太极，又形弓弓。"

学运动的方向以及东学的基本思想等许多内容。

从所有圣子出现及其救济活动的背景和教义来看，他们关注的是当时社会面临的最为严重的问题，并对这些问题进行诊断，提出解决方案。

当时民众心中的欲求，首先指向"疾病的救济"。如前所述，进入19世纪，韩国社会肆虐着前所未闻的疾病，水云称之为"怪疾"（即霍乱）。霍乱发生时，动辄有数千人丧命。19世纪中叶后，霍乱肆虐的情形愈加严重①。

这样，当时的民众对能够治愈这种疾病的仙药求之若渴。当水云宣称"符籍"是治愈疾病的"仙药"时，他们毫不怀疑地认定"符籍"就是最有疗效的"仙药"。尽管当时朝鲜社会也有中医，但是能够享受中医治疗的人毕竟还是少数，多数人只能依靠民间药方、巫堂治疗和"符籍"。所以，符籍信仰在当时民众中根深蒂固②。水云响应了当时民众最迫切渴望的欲求，这种响应也就成为东学的宗旨、东学运动的一个重要方向③。

水云思想的核心即太极（弓弓），是东方思想的核心。从《周易》开始经周濂溪、朱子，太极一直作为解释东方思想根本原理的象征而代代相传。水云利用了这一隐藏在朝鲜性理学之后的概念。"弓弓"是表达太极的另一概念，无数次出现在当时的谶纬书和预言书中。可见，水云所谓的从上帝处听到的

---

① 请参看金洪喆的《近代韩国宗教思想之病观研究》（圆光大学编：《圆大论文集》11辑，1977年）。

② 参看金洪喆的《韩国新宗教的符籍信仰研究》（圆光大学宗教问题研究所编《韩国宗教》16辑，1991年）。

③ 金洪喆：《韩国民众信仰对东学农民运动的影响》，（韩国历史民俗学会编，《历史民俗学》）5号，首尔：图书出版宝林1996年版，第140—141页。

这一简单文字直接体现了东学的诸般性质。

总之，水云听取当时民众心中迫切的欲求和改革堕落社会的意愿，同时借鉴东方的传统思想和当时潮涌而来的西学，提出了"广济苍生"、"辅国安民"的口号。

2. 对新时代的认识和预知

水云预言，新时代必将到来，主张"道（即天道）"必将发挥领导作用，承担"后天运度"。在这里，水云用"先天"、"后天"来分别表示旧时代和新时代。

根据水云的说法，"先天"是从天地创造特别是从天皇氏开始直到水云得道之前的时期；"后天"是从水云得道开始直到未来五万年的时期。他说，"帝曰：开辟五万年之后；天主之后就是吾，吾也是开辟之后，一直劳而无功，直到遇见你，才得以成功。我成功，你得意，这也是你的运数。吾听此言，心独喜而自负。世人啊，无极之运将要袭来，你们何以认知？可谓奇壮，可谓奇壮。吾之运数，亦可谓奇壮。龟尾山水，奇好胜地，披上无极大道，即是五万年之运数"[1]，"上天把五万年无极大道托付于吾，吾道是后天五千年之大道。"[2]　先天开辟之后最初的运数是好的，后天五万年的无极大道运由水云得到。

李敦化在《天道教创建史》一书中强调指出，水云驾驭"后天"五万年大道降临这个世界，是"后天开辟"的始祖。

---

① 《龙潭遗词》，龙潭歌，（天道教中央总部编，《天道教经典》），1980 年版。

② 李敦化编：《天道教创建史》，（天道教中央宗理院，1933 年），第一篇，第 47 页。

他说，"吾道之大运，因其确保天皇氏之根本原理，故为无极之运。天皇氏，亦即先天开辟之始祖。大禅师自称天皇氏，亦以后天开辟之始祖自居。弃先天之浊气，养后天新生之淑气，隐隐聪明自然从中化出。"①

水云的运道是宇宙兴亡盛衰的自然理法，追随天运，人间万事自然达成。正如海月崔时亨所言，"盛而久则衰，衰而久则盛，明而久则暗，暗而久则明。盛衰明暗，是天道之运也；兴而后亡，亡而后兴，吉而后凶，凶而后吉，兴亡吉凶，是人道之运也。"② 追随天道，宇宙的兴亡盛衰循环往复；追随运道之道数，人间万事变化多端。

海月同时也指出，水云的宗教虽然遵循天道，是"后天"五万年大道运的主宰，但它也不免遭受天造之厄运。"后天"五万年长久之运和新后天的运数在交替之时，天地不安，禽兽不安，人也不例外③。由此产生的灾难必然给人类带来不可避免的巨大痛苦。这样，"怪疾"出现也就很自然了。只要克服怪疾的运数，则万年难得一见的"无极大道"（水云的天道）将承担"后天"五万年之运，达到后天仙境。

水云和海月都对"后天开辟"后的"后天"五万年运道数进行了歌颂。义庵孙秉熙则将"后天开辟"分为"人开辟"和"物开辟"，提出"人开辟"是精神开辟，"物开辟"是肉身开辟。

义庵认为，所谓"开辟"，就是化腐败为清新，化复杂为简洁，天地万物之开辟，始于空气；人生万事之开辟，始于精

---

① 《天道教创建史》第二篇，第27页。

② 海月，开辟运数（天道教中央总部编，《天道教经典》，1980年版）。

③ 同上。

神。汝之精神，乃天地之空气①。

关于人的精神开辟，义庵指出，"今君等不必考虑不可能之事，先开辟自己固有之精神，则万事之开辟，不过是早晚之事。"②

根据义庵，所谓"精神开辟"，就是恭敬之心、安定之心、智慧之心、心灵启发的状态。开辟的精神，如皑皑白雪那样纯洁，如天晴日朗那样光明，如山高水流那样方正，如落落云鹤那样高尚③。所谓"肉身开辟"，就是充分调整支配肉身的自我精神。如果人具备了支配自身肉体的能力，内心能够充分唤起肉身，那么"物开辟"则水到渠成。

李敦化对"后天开辟"思想做了进一步说明。他说，"后天"就是新社会，"开辟"就是文化改造，"后天开辟"是建设新社会④。为了开辟新社会，他提出了具体的方法，即通过精神开辟、民族开辟、社会开辟建设地上天国。

大体上来看，三大开辟其主要内容如下⑤：

"精神开辟"是一种思想改造，在改造过程中要遵循两条原则：一是要对人的本性进行历史性考察；二是反抗道德。所谓对人的本性进行历史考察，是指对历史原因进行未来结果的考察，是冷静、理智地对事理的是非曲直进行批判分析。所谓"反抗道德"，则是在原有伦理或制度内找到弊端，反抗其"不

---

① 义庵，圣师法说，人与物开辟说（天道教中央总部编，《天道教经典》，1980 年版）。

② 同上。

③ 同上。

④ 李敦化：《新人哲学》（天道教中央总部编，1968 年复刊本），第 138—139 页。

⑤ 同上书，第 144—161 页。

自然"。

"民族开辟"是提高民族文化，保障民族生存。李敦化将当时的朝鲜比喻为巨人的尸体。在尸体内注入魂魄，就是"水云主义"。换言之，就是消除佛教和儒教的弊端，使其恢复元气，倡导动态的道德。

"社会开辟"是指建设理想世界——乐园。真正建设理想世界，仅靠解决唯物的经济问题是不够的。意识主义斗争，并不是人类追求的最高目标。人类的最终理想在于通过最高人格实现宇宙生活，而不是创造斗争。

水云在高举"辅国安民"、"普道天下"、"广济苍生"的旗帜，同时呼吁进行所有的开辟。其中，"辅国"就是民族开辟，"安民"就是社会开辟，"普道天下"、"广济苍生"则是建设地上天国。

根据天运变化，水云提出具有划时代意义的"后天开辟"时代即将到来。在"后天开辟"时代，"道"不仅是"后天"之运，而且是"后天"文明的主导。

3. 民族自主意识的培养及民族自豪感

在世界史或韩国史上，水云开展宗教活动的时期是史无前例的混乱时期。水云对异质的西方文明和陈旧的朝鲜封建王朝极为不满，提出要确立民族自主意识和自主精神，培养民族的自豪感。

水云提出"辅国安民"、"普道天下"、"广济苍生"的口号，是对旧的统治阶级的革命性的反抗。他指出，辅国的主体将是苍生，是对近代民众阶层的出现和开展活动进行的预言，将朝鲜两班社会少数特权阶层负责的"辅国安民"任务移交给民众，使民众成为"辅国安民"的主导力量。为此，他宣扬，民众是为侍奉上帝而诞生的君子[1]。

水云倡导的东学运动，堪称韩国近代史上具有划时代意义的转折点。在政治上，对腐朽没落的两班统治阶级敲了一记警钟；在思想上，成为进入自觉民众思想时代的契机。虽然水云开展活动不过短短三年，但却点燃了长久以来受压抑的民众之心，使其烽火继续燃烧，成为了韩国近代社会巨变的契机。

特别需要注意的是，水云开展的活动不仅为 30 年后爆发的真正意义上的民众革命，即东学革命，提供了精神基础，而且还成为日帝吞并韩国后相继掀起的全民族运动，即"3·1 独立运动"、新文化运动的思想基础。

对于西方列强的武力横暴，水云也深表担忧。他担心，西方列强侵略中国，建立天主教堂，觉得天下传播所谓的"道"的情形可笑至极，这将来如何辅国安民[2]？（《东经大全》劝学歌）水云对"西教"极为鄙视。他嘲笑道，"所谓西学之人，怎么看都没有明人。"[3]（《龙潭》安心歌）西洋之人虽然声称不求富贵，说这是上帝的旨意，但却侵略别人的领土，在别人的领土立教堂、传教义。看到他们如此行为，不得不心生怀疑，怎么会有这样的人[4]。（布德文）对潮水般涌来的西方势力，他既害怕，又厌恶。对日本，也是如此。他对日本的感情

---

[1]　申一澈：《崔水云的历史意识》（《崔水云研究》，韩国思想研究会编，1978 年），第 15 页。

[2]　《东经大全》之劝学歌、布德文（天道教中央总部编，《天道教经典》，1980 年版）。

[3]　《龙潭遗词》之安心歌。

[4]　《东经大全》之布德文。

极为激烈，称日本是"像狗一样的倭贼"、"似狗倭贼"①或
"狗一样的倭贼带走你们的神明"②。对中国，他指出，中国现
在不可能像从前那样发挥作用了。

水云为了坚持本民族的良风美俗和优秀传统、培养本民族
的自主意识，提出"斥洋"、"斥倭"思想，后来成为东学的传
统。在东学革命爆发之际，随处可见诸如"凡是倭和洋都是禽
兽，我国东方三千里五尺童子都知道这一点"③的卦书。

水云还特别强调，韩国将成为世界上的主导国、宗主国，
"十二诸国都抛弃，我国运数首先"④，预言将抛弃世上所有国
家，韩国最先得到"后天"五万年的运数。

海月也指出，根据吾道运数，韩国的英雄豪杰将层出不
穷，他们分散到世界各地开展活动，被称为"有形天"、"活人
佛"⑤。他将韩国的英雄豪杰比喻为道德种子，这些种子作为
万国"布德师"到世界各地开展活动。如果世界各地到处都有
"布德师"，那么所有国家都将成为天国⑥。

水云对即将到来的未来社会充满热情，将其描绘成仙境。
他说，"下元甲过去，上元甲来临，万古不见的无极大道诞生。
你，缘浅，亿兆苍生，不顾击坏歌，看，这世界，何不无极大
道，永世无穷"⑦，"把这首歌词背诵下来，在阳春三月的好时
节里，尽情欢唱太平歌。"⑧

---

① 《龙潭遗词》之安心歌。
② 同上。
③ 国史编纂委员会编：《东学乱记录》上，1971年，第111页。
④ 《龙潭遗词》之安心歌。
⑤ 海月：开辟运数。
⑥ 同上。
⑦ 《龙潭遗词》之梦中老少问答歌。
⑧ 《龙潭遗词》之安心歌。

由此可见，东学具有强烈的民族自主意识传统，主张斥倭思想，通过宣扬韩国将成为世界上的主导国、宗主国来培养民族自豪感。

Ⅲ. 东学的人权平等运动

1. "人乃天"

水云宣扬"人乃天"，将其作为人权平等的基本原理。所谓"人乃天"是说任何人只要觉悟到自己侍奉的"上帝"，就会成为自身的上帝。东学提出的平等思想的核心，就始于"人乃天"思想。"人乃天"第一次出现在 1907 年天道教总部刊行的《大宗正义》中，"大神师，吾教元祖。其思想，博从约至。其要旨，人乃天。"[①] 水云的"吾心即汝心"[②]、"天心即人心"[③]、"侍天主"、"事人如天"以及海月的"养天主"，都是这一思想的依据。后来，义庵对水云思想全面整理后，将其定为口号和宗旨[④]。

"人乃天"思想的哲学解释是由李敦化完成的。他在《人乃天要义》、《新人哲学》、《东学的人生观》等著述中，对"人乃天"思想进行了全面解释。在理解李敦化的"人乃天"思想之前，我们有必要对他的"天"思想和人间观进行考察。李敦化所指的"天"是"大我"的意思，可以看做是相对于部分的

---

① 义庵：《大宗正义》，（天道教中央总部编，《天道教经典》，1980 年版）。

② 《东经大全》之布德文。

③ 《东经大全》之劝学文。

④ 李敦化：《天道教创建史》第三篇，第 66 页。

整体意义上的泛神的万有神①。此"天"的属性是无穷。无穷，故唯一，故一元，故自尊。此"一"非多数中之"一"，而是包含所有多数的"一"，即"唯一"。不依靠"他"，即存在的根据除了自己，别无他人。宇宙存在的根据在于自身本性。换言之，自身可以看做是自身的存在依据，是必然的存在②。

他所说的"神"，不是基督教一神性的人格神，而是现实人性中具有无穷属性的人格神③。万物并非上天创造之物，而是上天通过自律性的创造对自己的自然表现。天并非万物之外创造万物之超越性神，而是万物之内在原因。所以，天是自律性创造的自然，万物是所产性创造的自然④。

人，存在于万物之中。如果说人也是自然之产物，那么神之源泉就可以在人性中发现。神之源泉并非仅仅存在于人之外，而是存在于人之内⑤。由此看来，这是泛神中包含一神的神观，"既为泛神，又为一神；既为一神，又为泛神；既为一，又为多；既为多，又为一。一之展开则为多，多之统一则为一。这一看法即为人乃天。"⑥

根据李敦化的看法，人是最完整体现神之本质的存在。神性、人性合二为一，即人乃天。人，是神之复制品。当然，现实中的不安全的人本来也不是神。

---

① 李敦化：《新人哲学》，第10页。

② 《新人哲学》，第10页。

③ 李敦化：《从人乃天的见地看宗教的新定义》（自修大学讲义，宗教科），第7页。

④ 李敦化：《新人哲学》，第18页。

⑤ 同上书，第45页。

⑥ 李敦化：《东学之人生观》（天道教中央总部编，1973年），第52—53页。

归根结底，水云宣扬的"人乃天"思想，就是每个人都在各自的属性中侍奉上帝。自然而然地发现和觉悟此上帝，自己就会成为自身的上帝。不仅人如此，万物也如此，也都含有神性。如此看来，"人乃天"尤其强调以人为中心。对此，李敦化表示为人间格。此外，李敦化还在《新人哲学》一文中强调，"人乃天"思想既不是神本位思想，也不是灵本位思想，更不是物本位思想①。

可以说，"人乃天"思想是人类有史以来的以神为中心的信仰向以人为中心的信仰转换的契机②，不仅提高了天人合一、神人合一真理的层次，而且对其进行创造，最完整地体现和宣扬了人的尊严，是对人的尊严的神格化。

2. 人间差别（人权不平等）的消除

在水云的教义和活动中，特别强调人与人之平等、消除人与人之间的差别。在当时的朝鲜社会，身份等级分明，贵贱、上下、班常（两班和常民）的职业差别极为严重，一个人的社会地位取决于出身门第，而与能力无关。对此，水云提出了打破不平等、昂扬人的尊严、人间解放的思想。每个人都是上帝，任何人都不能侵害人的基本权。这是每个人都是自由人的人本主义思想。特别是在水云的教义中，关于消除男女差别的部分特别突出。水云主动抛弃了儒教社会体制的特权家父长制的威严，用实践行动尊重妻子朴氏人格的"家和"理论，对弟

---

① 李敦化：《新人哲学》，第53—55页。

② 洪章和编著：《天道教教理和思想》（天道教中央总部编，1990年），第52页。

子强调，如无家和的"修身齐家"，则难以"道成德立"。水云的家和论，由原来的支配和服从的夫妇关系，形成相互帮助的平等的夫妇关系。他主张，可以从暴压和压制象征的公婆和丈夫那里得到上帝般敬重的待遇以及妇女只要进行入道修炼，就可以成为君子的男女能力平等。而且，为了妇女修道，他撰写了易读、易练的《安心歌》、《教训歌》、《龙潭遗词》等。

　　他主张，如果不能"修身齐家"，则难以"道成德立"；如不守"三纲五常"，则难以成为贤人君子。"家和道顺"首先在于妇女，所以要以家长之礼对待妇女①。

　　水云不仅提出身份差别、家和理论，而且还是其理论的实践者。他不仅对夫人极为恭敬，而且还解放了家里的两个婢女，一个收为儿媳，一个收为养女，从而打破身份制度差别，用行动实现了对人的尊严的尊重。

　　把水云的女性观发展为近代男女平等思想的人是海月。他认为，"夫和妇顺，吾道之第一宗旨"②，"道"通与否，在于是否内外和顺。

　　他在1890年11月撰写了《内则》和《内修道文》，并在各地发布。他是将韩国近代社会男女平等思想扎根于农村社会的女性运动和人间解放运动的先驱③。

　　海月在《天道教创建史》中对"夫和妇顺"思想是这样阐述的，"夫和妇顺是吾道之初，所以道的通与不通取决于内外的和与不和。内外不和，而要让他人和，是不智之名之举。所以，不与妇和，即使用三牲为天主，也无济于事。妇不从夫

---

① 《龙潭遗词》之道修寺。

② 海月，夫和妇顺（《天道教经典》）。

③ 朴龙玉：《东学的男女平等思想》（《新人间》397号，1982年），第11页。

命，以真诚拜数拜，即以千恶会感化也。"[1]

他主张，用权位、强力凌驾妇女的丈夫必须用恭顺的态度对待妇女，并对其主动实践。为此，他说："谁人不是吾老，谁人不是吾师？即使是妇女和小孩，只要他们有值得学习的地方，他们就是我的老师，我就要以老师待之。"[2]（海月的《内修道文》）

如果说水云和海月主张男女平等，阐述了优待女性的原理和理论，那么义庵之后的天道教教团则进行了实现男女平等以及优待女性的具体行动和实践。东学领导人李钟一是民众启蒙的先驱，于 1898 年创刊《大韩帝国新闻》，登载了许多启蒙妇女、高扬民众意识的文章。他认为，女性启蒙才是国家的资源[3]。他在东学改为天道教的 1905 年之后，对女性教育尤其重视，设立和运营了东德女学校、养德女学校、新明女学校以及许多短期讲习所。1920 年以后，许多女性团体的形成和女性杂志的发行，在宣扬人权平等特别是男女平等思想方面做出了重大贡献。

Ⅳ. 水云思想对东学革命和义兵运动的影响

1. 东学革命的开展过程与民众

在近代韩国史上，有民众革命之称的东学革命具有重大的

---

① 李敦化：《天道教创建史》第二篇，第 37 页。

② 海月，内修道文。

③ 安京植：《天道教女性运动和内修团的教育活动》（《新人间》417 号，1984 年），第 20 页。

历史意义，水云宣传的东学教义就是这一民众革命的思想支柱。

水云倡导东学，开展传教活动，因而遭到两班统治阶级的不满。水云被捕后，于1864年被处以死刑，但是他的教义却没有消失。30年后，水云的教义流传在全国各地。

如前所述，当时韩国社会在政治、社会、思想方面极为腐败。在这种情况下，以1862年晋州农民起义为开端，全国各地爆发了大大小小70多起农民起义，可见民众之怨声足以载道、足以冲天。当时，朝鲜中央政府尽管对200年来一直被压制的西学采取了宗教怀柔政策，保护信教自由，但却对水云以及后来东学的镇压政策一直未改，东学信徒的怨声最为严重。

在朝廷镇压东学的过程中，东学成功集结了来自各个阶层的民众，组织了为以"惑世诬民"罪名被处死的教祖水云申冤运动。在1892年（高宗二十九年）12月的参礼会，以及1893年4月的报恩集会，数万名东学信徒集结起来。1894年（高宗三十一年）2月5日，全琫准领导的农民军不堪忍受郡守赵秉甲的暴政，在全罗道古阜发动起义。他们袭击官衙，将非法征收的税米发给农民，破坏万石洑蓄水池并解体拦河坝。由此引发东学革命的爆发。

此后，按核使李容泰对农民军进行迫害，称其为东学徒。于是，愤怒的农民于4月高呼"辅国安民"、"广济苍生"的口号，会合金地明、孙华中、金开南等领导的数万[1]农民军，先后占领了全南一带的灵光、茂长、长城，放逐贪官污吏，并于

---

① 《东学乱记录》上，国史编纂委员会编，首尔：探求堂1971年版，第63页。

5月31日占领了全州城①。

面对这种形势，朝廷惊慌失措，向清朝求援。6月8日，清军在牙山湾登陆。日本方面也以《天津条约》中的保护朝鲜的日本侨民为借口，决定于6月7日出兵朝鲜。对此，朝鲜政府对东学农民军采取怀柔政策，在全州讲和、休战。但是，休战结果却不利于东学农民军。这一方面是因为朝鲜政府并没有履行条约，另一方面是因为当时日本军队冲进王宫，并于7月26日引发清日战争，日本势力不断膨胀。

在这种情况下，东学农民军于10月12日召开"参礼会"，不顾李容九等稳健派的反对，决定由全琫准、金开南领导农民军北上，在全国范围内扩大革命影响。全琫准的10万湖南军和义庵的10万湖西军在公州与日本联军决战。结果，农民军被拥有近代化武器并训练有素的日本军队打败。11月，全琫准在策划重新发动起义时被叛徒告密，在淳昌被捕，次年遇害。

东学革命导致清日战争的爆发。在清日战争中赢得胜利的日本不仅在朝鲜政府内部引发"甲午更张"，而且与俄国再起冲突。1904年挑起日俄战争的日本再次胜利。日俄战争结束后，日本为了独占朝鲜、掠夺朝鲜外交权，于1905年与朝鲜政府缔结了《乙巳保护条约》。随后，日本方面又提出高宗退位、解散军队、剥夺司法权等侵略要求，扶持一进会和李完涌等傀儡。1910年8月，《日韩合并条约》缔结，500年之久的朝鲜王朝宣告灭亡，开始进入长达36年之久的殖民地时代。

有人认为，东学革命是以农民为主体的农民革命，但归根

---

① 《承政院日记》（高宗三十一年二月十五日），《日省录》（高宗三十一年二月十五日），《高宗实录》（高宗三十一年二月十五日条）。

结底是以东学信徒为主体的东学信徒革命。当时，东学信徒在全国80多个地区发动起义。在革命军取得初步成功后，一时间仅在湖南地区就成立了53个"执纲所"。东学有339个组织全部动员起来，有300万人次参加了运动①。

历时一年之久的东学革命，20多万生命丧失在血泊中②，但是，这一运动却有重要意义，不仅在被压抑的民众中高扬了自觉意识，开阔了眼界，具有世界史的意识。当时东学革命军提出的理念和思想，与近代民主国家的理念几乎是完全一致的。

2. 东学革命运动和民族、民主意识的成长

水云的民族意识和民主意识非常彻底，为东学革命所继承。面对如潮水般涌入的西方列强的武装暴行，水云对民族的未来深表忧虑。他叹道，可恶至极的西洋之敌侵略中国，还建立天主教堂，传播所谓的"道"，这是多么荒谬可笑！他们对东方进行武装侵略，将来如何辅国安民呢？③

水云对西学进行了强烈的嘲讽，说"所谓西学之人无明人"④。西方人说话没有敬语，文字没有顺序，他们祈祷是为了自己，而不是为了上帝。他们的身体里没有气化之神，他们的"学"里也没有上帝的教诲。所以，他们的"道"近乎于虚无，他们的"学"也不是为了上帝⑤。总之，对西方势力的泛

---

① 吴益济：《东学和东学革命》（《新人间》416号，1984年），第41—47页。

② 李敦化：《天道教创建史》第二篇，第69页。

③ 《龙潭遗词》之劝学歌。

④ 《龙潭遗词》之安心歌。

⑤ 《东经大全》之劝学文。

滥，水云不能不忧心忡忡。

水云对日本的感情也极为激烈，说"倭贼像狗一样"。他对中国也进行了严厉批判①。水云的民族意识极为强烈，斥倭、斥洋更不用说，就是对中国也主张要敬而远之，强调培养民族的自主力量。

根据东学革命军提出的废政改革案十二条款，他们主张肃清贪官污吏、惩处不良两班和儒林、烧毁奴婢文书、选拔人才担任国家要职、改善七般贱民的待遇、废除苛捐杂税、打破地区差别和学阀差别②。这在当时可以说是一大革命。东学革命运动提出的口号是民众最切实的呐喊。

如果东学革命在当时取得了成功，那么就可能避免后来韩国上演的无数悲剧的发生，韩国的民主主义可能也会提前一百年。

甲午东学革命对韩国民众的影响可以从政治、社会、文化等方面进行考察③。在政治方面，东学革命，并没有使原本缺乏近代意义的民权理念的大多数民众提出否认王权、进而建立民众本位的政府的主张，但使民众认识到自身力量的强大，模糊地意识到主权在民的西方思想。民众摈弃了以往对一切事情都自暴自弃的传统习性，逐渐拥有了对未来的希望，意识到自

---

① 《龙潭遗词》之安心歌。

② 十二项条款如下：1. 扫除道人和政府之间的宿怨，协助庶政；2. 查清贪官污吏的罪状，从严惩处；3. 严肃处理横行残暴的富豪；4. 惩罚不良儒林和两班；5. 烧毁奴婢文书；6. 改善七般贱人的待遇，摘掉白丁头上的平壤笠；7. 允许青年寡妇改嫁；8. 废除一切无名杂税；9. 打破门阀，任用有能力的人才做官吏；10. 严惩与日寇勾结之人；11. 过去的公私债务一律取消；12. 土地平等分配耕作。（吴知永，《东学史》）

③ 申福龙：《东学思想与甲午农民革命》，首尔：平民社 1985 年版，第374—376 页。

己和统治者一样的意识，也促使当政者反省、自觉到目前为止的权威主义。

在社会方面，在打破阶级意识方面具有特别重要的意义。东学革命可以说是为了打破妨碍社会制度近代化的阶级差别而进行的一次尝试性运动。海月说："自此以后，吾道之内，一切勿别班常。我国之内有两大弊风，一则，嫡庶之别，次则班常之别。嫡庶之别，亡家之本；班常之别，亡国之本。此是吾国内痼疾也。"[①] 考虑到当时韩国民族肩负的最大任务是克服阶层结构性矛盾，海月对解决韩国民族最本原的问题进行了回答。

在文化方面，后来许多文化运动的开展都是在继承东学革命精神的基础上展开的，例如育英事业、教育事业、韩文普及运动、出版事业等。

李敦化指出，东学革命具有如下动机和效果。东学革命的动机为：一、渴望新世界和建设地上天国的梦想；二、通过打破阶级差别，建设自由平等的世界；三、对官吏的剥削和压迫进行反抗和指责。东学革命的效果有：一、普及开化思想，对建立百姓本位的社会具有重大意义；二、成为自由平等的民众运动的嚆矢；三、冲破封建思想[②]。

3. 东学革命对义兵运动的影响

东学革命的失败，在国内导致朝鲜封建王朝的灭亡；在国外引清朝和日本军队入国，继而招致日本的侵略。在日本开展

①　《天道教经典》之《海月神法说》。
②　李敦化：《天道教创建史》第二篇，第70页。

侵略活动的过程中，韩国爆发了大规模的抵抗运动——义兵运动。

义兵运动根据发生时期的不同，大体上可以分为三个阶段：乙未义兵（1895年）、乙巳义兵（1905年）、军队解散后（1907年）的义兵运动。

乙未义兵是封建儒生和东学革命农民军的残余势力发起的反侵略斗争，其思想基础是维护王权和卫正斥邪。随着明成王后的被害、断发令的颁布以及"俄馆播迁"，朝鲜王朝丧失王权，基于性理学基础之上的社会秩序开始崩溃，两班儒生在怀疑自己存在理由的同时，主动策划了"乙未事变"。在这次义兵运动领袖中，为锁国政策提供思想基础的以李恒老、奇正镇的门生居多。

出身于东学军的民众阶层参加此次义兵运动，是将其看做东学革命的延长线，是出于反封建、反侵略的理念。由于两班出身的义兵将领具有封建勤王的保守理念和性质，所以他们与东学农民军无论在理念还是路线上很难相容。但是，随着明成王后遇害和日本侵略野心的暴露，东学革命失败后潜伏在山林中的东学军欣然聚集在儒生出身的义兵将领的麾下，进行抗日义兵战争。

当时，著名的义兵将领有柳麟锡、李寅荣、文锡凤、李春永、奇宇万等。但是，由于理念的冲突，除了一部分人之外，连一场像样的战斗都没能打，这场义兵运动就结束了。尤其是乙未义兵运动在东学革命的根据地——全罗道地区反响不大。这一点和理念冲突、儒生战斗经验不足等弱点导致了这次义兵运动的失败。特别是在湖南地区，那些曾经强烈反对东学的两班出身的东学讨伐军将领直接参加了义兵运动，所以东学军一派的积极作用不可能发挥出来。

乙巳义兵具有承担国家和民族生死存亡的报国性质。这一运动之所以能够再次爆发，是因为乙未义兵运动后，转入地下进行秘密活动的"活贫党"成为农民军的力量基础。乙未义兵运动失败后，"活贫党"混迹山林，经常掠夺富豪财物分给贫民，废除私田，在继续开展反封建、反侵略斗争的过程中过渡到义兵运动。他们活跃在日帝掠夺和屠杀肆行的地区，开展了惩处一进会成员、袭击日本宪兵哨所和邮政通信网等活动。

乙巳义兵真正开展活动，是在清日战争之后日本强迫朝鲜缔结《乙巳保护条约》开始的。尽管当时的义兵将领仍以儒生为主，但出身平民乃至下层阶级的义兵将领开始出现。当时，比较著名的义兵将领有元容八、闵宗植、崔益铉、郑镛基等。平民出身的义兵将领则以申乭石为代表。申乭石勇猛过人，有"太白山之虎"的美称，他领导的队伍以平民和贱民为主。以全罗道泰仁为活动范围的崔益铉队伍，由于东学巨头金开南的出生地为泰仁，而且也是东学革命的发迹处，所以得到了民众的广泛响应。

第三阶段的义兵运动以"安民"为特征。当时，领导义兵运动的领导人将斗争转向反对日帝的剥削、保障民众的生存权。第三阶段的义兵运动从 1907 年解散军队开始。日帝在"海牙密使事件"之后，逼迫高宗退位，解散朝鲜军队。被勒令解散的大多数军人拿着武器加入了义兵运动。这样，原本处于劣势的义兵增强了战斗力，大大振奋了士气。义兵开展的活动主要有：禁止征收苛捐杂税；在义兵活动过程中避免民众受到伤害；禁止富豪的搜刮行为；处决苛敛诸求者；防止米谷流出日本等。著名的义兵将领有李载九、许荐、权重植、金海山等。当时，著名的湖南义兵将领安圭洪是长工出身。参加义兵运动的儒生中也有很多人出身农民。其数也以东学革命的发源地——全罗道居多。"大体上，就各道义兵而言，以全罗道最多，目前还不知道确切的数目，留待后日。"① 第三次义兵的另一个特点是由常民、军人出身的民众阶层构成。两班阶层还不到四分之一。其目的也转为与东学革命的理念一致的反侵略和反封建。

但是，自1909年9月开始，日帝组织所谓的"南韩大讨伐作战"，受到沉重打击的义兵运动消失，一部分将斗争的根据地转移到伪满洲进行独立运动。当时，在全国活动的义兵团体有600多个。在这些数目众多的义兵团体中，尽管领导者以两班儒生居多，但是加入义兵团体的队员大多数是农民。义兵运动可以看成是东学革命的继续。特别是从第一次义兵运动的斥倭思想、第二三次义兵运动的辅国安民思想来看，毫不夸张地说，其理念、思想、参与的民众与东学革命是一脉相承的。

Ⅴ. 甑山姜一淳的创教背景和社会改革运动

1. 甑山创教的背景

甑山姜一淳（1871—1909）的甑山教活动是在母岳山下的龙华洞展开的。首先，我们要考察甑山教活动之所以在这一带展开的原因。母岳山南麓有金山寺，在韩国悠久的历史上这里曾经是民众信仰的发祥地，也是民众抵抗运动的大本营。金山

---

① 朴殷植：《韩国独立运动之血史》（《朴殷植全书》上，檀国大学出版部，1975年），第24页。

寺下有韩国最大的湖南平原。在长期的农耕社会中，平原地区的人们生活一向富裕。但反过来，也意味着他们容易成为拥有权力的阶层的掠夺对象。结果，这一地区的人们在王朝更替的过程中，一直是被搜刮的对象，其对搜刮的反抗也相应地持续下去。这一抵抗的根据地就在母岳山一带。

百济灭亡后，其遗民相继开展了以真表律师为中心的弥勒信仰运动、依靠弥勒信仰的后百济运动、通过谶纬信仰的郑汝立的抵抗运动、旧韩末以开辟思想为依据的东学革命、甑山的解冤相生和万民平等运动等[①]。

百济于公元 660 年被新唐联军所灭，其后的 300 年时间里，他们不断进行抵抗运动。在这一过程中，百济人遭受的直接或间接的镇压无法用语言来形容。统一新罗一方面实行镇压政策，另一方面采用怀柔政策，弥勒信仰作为怀柔政策的一环而被利用。

统一新罗政府的政策是将百济遗民的反抗精神转向佛教信仰。但是，弥勒信仰本身具有否定现实和描绘未来仙境的包含救世主特征的一种"千年王国运动"，所以从一开始就是包含强烈的革命火种的信仰运动。结果，弥勒信仰在百济大地上急速发展，百济遗民对新罗的抗争运动始终没有停息下来。

其间，小规模的抵抗运动在百济灭亡 240 年后的公元 900年，随着甑宣领导建立"后百济"国家而正规化。甑宣打着弥勒信仰的旗号，就在母岳山金山寺附近的晋州创建了"后百济"。当然，在建国的过程中冲锋陷阵、辅佐甑宣的人是那些狂热信仰弥勒、在百济的土壤上生活的宗教信徒。

---

① 请参考金洪喆：《母岳山下民众宗教运动发生原因之研究》（韩国宗教史学会，《韩国宗教史研究》第 5 集，1997 年）。

后百济于公元 936 年被高丽太祖王建所灭，宣告百济再建运动的终结，但弥勒信仰继续盛行。弥勒信仰对政府的强烈批判和改革意志，在高丽王朝《训要十条》中得到进一步深化，戒忌车岭以南人才被选拔。相对而言，这一地区的居民从政府的当权者那里备受冷遇。

通过统一新罗和高丽王朝，继续遭受冷遇和疏远的车岭以南、湖南地区，在朝鲜王朝时期虽然在表面上并没有暴露出来，但进入王朝中叶以后，将对朝鲜王朝的全部批判和否定隐藏起来形成的谶纬说、南朝鲜信仰、郑监录思想，以鸡笼山和母岳山为中心，比任何地区都扩散得广大。

这一信仰，即传承千年的弥勒信仰，在向更低一层的民众阶层传播的过程中，形成了受剥削、受压迫的民众抗拒统治阶级、作为千年王国运动的一环的信仰运动。以这一信仰为背景，受剥削的民众成长为反抗力量，他们掀起的运动有朝鲜中叶发生的湖南人民掀起的"郑汝立之乱"。

郑汝立的诞生地正是在金山寺下的铜谷村。他凭借天生的才能和魅力使许多人在他周围云集，他以强烈的现实批判和对体制的抵抗为目标，组织了"大同契"，并使其武力化，明显怀有颠覆朝鲜王朝的意味。有人认为，他的抗拒和死亡是党争的牺牲品，是荒唐的陷害事件。尽管如此，他仍是当时最杰出的人物，他比任何人都敏锐地把握了隐藏于这一地区人们的弥勒信仰和谶纬说背后的抵抗意识和民心动向。同时，也可以看出，郑汝立本人天生的勇猛和强烈的对统治阶级的反抗意识、主动彻底信仰的谶纬信仰等，对日后进行革命准备了充分的条件。

韩末，崔水云高举后天开辟旗帜，尖锐地批判现实，开展反抗统治者的运动。水云的传教活动从庆尚道开始，但是，将民众心中的改革意志公开化并升华为巨大的民众运动的则是东学革命。东学革命最初的发源地正是金山寺下提出新学说的院坪。

东学革命经历了参礼聚会、报恩集会、光华门上书、公阜民乱、东学革命等几个阶段。但事实上，据研究报告，在报恩集会发生的时候，在院坪同时也发生了万余人的集会，其中全琫准、金德明指挥的大规模反抗集会已经发生了[①]。水云举起共济苍生、辅国安民的旗帜开展的后天开辟的抵抗运动，是将弥勒佛的出现、龙华会的建设、郑道令的郑氏王国建设等升华而体现出来的社会改革运动。

这一运动以东学信徒为主体，由这一地区的民众走在前列，是对外戚泛滥的忧国心情和对腐败政府强烈反抗以及对其进行改革意志的具体行动。在这一革命过程中，牺牲最多的也是当地的民众。更无法忍受的情况是，在开辟旗帜下聚集起来的20多万名农民在运动过程中丧失了生命。所以，这也是寒霜逼人的悲剧事件。

东学革命之后，在这一地区出现的甑山教运动，可以说是这一地区历史和思想基础上形成的民族宗教运动的典型。甑山教义缓解了这一地区无法避免的民众的恨和抵抗意识，这一教义是为了成为真正的后天仙境的主人、为韩国民众指出正确的选择道路的教义。

甑山于1901年在母岳山北麓得道，在南麓金山寺下铜谷活动九年。他自称"玉皇上帝"、"弥勒佛"。他说，他是九天上帝，为了建设地上仙境降临人间。他也是这块土地上的龙华

---

① 崔洵植：《百济遗民的抵抗运动与弥勒信仰的变迁过程》，金堤：母岳乡土文化研究会，1992年，第6页。

会上的弥勒佛。他主宰三界大权，开辟天地之造化，开启不老仙境，挽救陷入苦海的众生①。他在九年的活动中，进行了无数的奇行异迹、神通妙术和治病预言。甑山教徒称其活动为"天地公事"。

所谓的"天地公事"，就是指拥有玉皇上帝或弥勒佛的绝对权能，拆毁、改正后天运度，以这块土地（韩国）为中心，建设从未有过的大乐园世界。总之，其教义的核心在于"解冤相生"，目标是万民平等，建设人人平等、分配均衡的社会。甑山特意将其建设的后天仙境定位于这一地区金山寺底下的龙华洞。

在韩国悠久的历史中，被压制和冷遇形成的冤和恨凝结成团，通过弥勒信仰、谶纬信仰、后天开辟思想，成为民众心中愤怒的火山，时不时喷发出来。但是，现在通过甑山这些信仰以所谓解冤相生信仰本然的面目找到自己的位置。在充满冤与恨的土地上，将"解冤相生"教义在民族信仰中升华，把母岳山下龙华洞看做是后天仙境，精神上的"麦加"。

甑山自称是玉皇上帝和弥勒佛，追求民众中的威望和领导地位。玉皇上帝是东方传来的绝对君子，是神中之神；弥勒佛如上所述，是民众的唯一的意志者，是救援的希望。首先，他认为，给绝望的民众以希望和勇气是当务之急。为此，将自己的话和教义置于绝对信任的位置，这是十分必要的。

2. 民族意识和救济民众之意志

甑山具有强烈的民族主体意识、选民意识和民众救济意

---

① 《大巡典经》（金堤：甑山教本部，1979，8 版）2 章 5 节（下面用 2—5 来表示）。

志。他的民族意识和水云一样，表现在对外排斥思想方面。他主张排斥西洋，疏远日本和中国。他感叹道，"相信西方人是不宜之举"①，"西教薄待神明，是不可能成功的"②，"现在东洋倒向西洋，学习的人却不能正确认识到这一点，这是多么寒心的事啊！"③

他警告道，"尽管西洋不能取得成功，但是如果我们不能打败其先进的物质文明的威力，就必然受制于他们。"对中国，甑山认为，与其说把中国看成是惧怕的对象，不如说中国已经丧失了以往的地位和作用。对日本，他持批判的、否定的观点，他说，"日本汇聚了强烈的地气，其民族本性凶猛，贪婪多欲，嗜好侵略，韩国自古就受其侵扰，少有太平日子。只有抽掉他们的地气，韩国才会安定。"④

这样，我们不得不利用日本以阻挡挤进来的西方势力。"如果不能击退西方势力，那么东方人就要永远受到西方人的蹂躏，所以击退西方势力，就要抓住东方力量，这才是正确的选择。目前，日本人是天地间最大的力量，俄罗斯因海陆势力软弱而被日本打败。"⑤ 甑山利用玉皇上帝的威力，说"日本会在清日战争中获胜，把天下委托给日本，让他们暂时负责。不过，这种情况不会长久。韩国过去是领导日本的先进国，如果日本背恩忘德，神道也不会答应⑥。所以，暂时委托给日本一段时间，将来天下的主人还是我们国家。西方势力也好，日

---

① 《大巡典经》，3—98。
② 同上书，3—149。
③ 同上书，3—97。
④ 同上书，4—169。
⑤ 同上书，4—10。
⑥ 同上书，6—132。

本势力也罢，都将退出朝鲜，我们将成为自主国①"。

另外，他还教导说，这个国家将来会成为世界的中心国、宗主国。根据《大巡典经》，他本来是住在天上的玉皇上帝，因神明上天请求求助九天地上的劫厄，所以他主动下凡，大巡天下，并在东土停留，化身为人，从神道、佛道、儒道等世界各种思想中吸取精髓，将其融合，并召唤各民族神、文明神、国家神，组织"统一神国"。甑山本人则把代理天权之地定在朝鲜②。这样，主宰三界大权，开辟和谐天地，开启不老长生之仙境，挽救苦海众生③。可见，甑山是怀着韩民族永恒的救世主使命意识降临于此，传播天地公事的改革意志，以民族救济为基本精神④。这是一个选民意识，是主体意识的自然流露。

Ⅵ. 甑山教的万民平等运动

1. 对人权时代到来的预见

甑山思想中以人为中心的思想比较突出。在甑山看来，人比神明更高贵，人可以支配神明，可以和神明斗争，可以让神明侍奉。

---

① 《大巡典经》，5—25，5—26。

② 同上书，5—12。

③ 同上书，2—5。

④ 李炫熙：《甑山思想在民族史上的地位》（甑山思想研究会编《甑山思想研究》，第 7 集，1981 年），第 11 页。

"一人之声乃众人之声"①、"消除所有害人之物"②、"神报不同于人报"③、"只有得人望，才能得神望"④、"人尊比天尊和神尊都要大，现在是人尊的王国、人尊的时代"⑤、"先天谋事在人、成事在天，而今谋事在天、成事在人"⑥、"神明随从"⑦、"一人之声，乃众人之声"等话是解放和尊重被压抑的人权、预示人权时代到来的呐喊。

众所周知，朝鲜社会等级森严，不平等和歧视、人性丧失、人权压制等现象非常严重，是怨恨交织的时代。要想了解这段充满怨与恨的历史，我们可以从甑山恢复人权的运动中了解。特别是他将人本思想升华为宗教，认为珍视人的尊严的时代即将回归。在过去的"先天时代"，人处于神的下位，人遵从神命。而现在，人的能力和活动并不仅仅局限于下界，甚至可以统治天上的神。

甑山的"人尊思想"，不同于东学提出的"人乃天"思想，即人和神是平等关系，它强调"谋事在天、成事在人"，认为人比神更高贵、更威严。只有基于这种观点，才能将他人看做是更高贵、更尊严的存在。只有基于这种评价，才能自觉尊重他人的人格、尊严、价值、自由，才能建设真正的平等社会⑧。

---

① 《大巡典经》，2—48。
② 同上书，4—171。
③ 同上书，6—70。
④ 同上书，6—26。
⑤ 同上书，6—119。
⑥ 同上书，6—109。
⑦ 同上书，5—16。
⑧ 卢吉明：《甑山的平等思想》（甑山思想研究会，《甑山思想研究》第4集，1978年），第120页。

甑山认为，在"后天世界"里，人的智慧清澈通达，能知晓过去、现在、未来十方世界的一切事情①。这是对人"妙智力"的伟大开发。即将到来的世界是长生不老的仙境，那时人被神所供奉，被神所尊崇，人达到开化的最高境界。由此可见，甑山的"人尊思想"是几百年来恢复人权运动及人本主义运动的继承，但却不是直接照搬，而是甑山独有的思想运动②。

2. 万民平等、男女平等运动的开展

甑山救援的主要对象是万民，即民众。甑山经常使用"民众"这一概念，他认为，民众就是那些被压迫的人、被统治的人、受苦受难的人、饱受灾难的人、陷入残酷境地苦苦挣扎的人。与此类似的概念还有很多，如"人民"、"公众"、"大众"、"百姓"、"群众"、"众生"、"苍生"、"天下之人"、"生民"等。他声称，"我是三界大权的主宰，将开辟天地，设定仙境运数，建立和谐政府，挽救水深火热中的民众。"③

甑山认定的"民众"不是富有之人、坚强之人、智慧之人，而是贫贱之人、病弱之人、愚笨之人、有难之人。那些加入东学组织、参加东学革命的人毕竟还是有勇气、有智识的，知道何谓反抗，而甑山所要救助的民众则是些毫无勇气、毫无智识、毫无反抗的懦弱民众。尽管甑山周围聚集了许多东学信徒，但甑山所指的民众要比那些在东学中发挥作用的民众低一

---

① 《大巡典经》，5—16。

② 郑春和：《甑山思想与人性恢复》（甑山思想研究会，《甑山思想研究》第1集，1975年），第103页。

③ 《大巡典经》，4—1。

个档次①。他们主要是僧侣、奴婢、庶子、常民（即贱民）、鳏夫、广大贫民、巫女等当时社会最底层的人。总之，甑山的所谓民众，是指受剥削却不懂得反抗的农民和贱民，他们游离在封建社会体制之外。

甑山万民解放运动的真谛是实现民众平等。甑山教义中体现着彻底推翻朝鲜传统社会根深蒂固的阶级身份社会结构矛盾的决心。甑山万民平等运动的主要目标如下：

第一，消灭一切阶级，消除班常（两班和常民）差别、职业差别。在"解冤时代"，贱民运数好转；班、常之间和各种职业之间不再有贵贱之分②；即使是卑贱之人，也会受到尊敬；彻底消灭嫡庶差别和班常差别③。

第二，消除对贱民的歧视。寻找两班无异于削神明之骨，将招致灭亡之运，只有消除两班习气、善待贱民，才能得到美好的世界④。不要鄙视屠夫和巫女⑤。现在是解冤时代，传教要从贱人开始⑥。

第三，荡涤贫富差别。在"后天"时代，不再有威逼刑罚，不再有怨恨、痛苦和贫富差别⑦。

第四，男女平等。甑山强调，即将到来的世界是男女同权的时代⑧。一阴一阳，才是正确的⑨，主张一夫一妻制。不仅

---

① 金洪喆：《韩国新宗教思想研究》，首尔：集文堂 1989 年版，第 206 页。
② 《大巡典经》，3—106。
③ 同上书，3—5。
④ 同上书，6—6。
⑤ 同上书，6—16。
⑥ 同上书，7—1。
⑦ 同上书，5—16。
⑧ 同上书，3—120。
⑨ 同上书，4—47。

如此，他还推崇女权，说"正阴正阳，构造乾坤，今后重新制定礼法，如不听妇人之言，将取消男子的权力。"① 他在《天地公事之首妇度数》中特别强调了女性的优越性。

VII. 天道教的革新运动

1. 甲辰改革运动中的民众意识改革运动

在东学、天道教开展的民族宗教运动中，各种革新运动和教育文化运动成就显著，尤其是在甲辰开化运动、"3·1独立运动"、20世纪20年代的"新文化运动"中，发挥了令人瞩目的作用。

东学革命之后，第三代教主义庵被判有"惑世诬民"之罪，被迫逃亡日本。在日本期间，义庵深切认识到，建设国家和发展教团的首要任务是培养人才，所以挑选64名信徒子女留学日本。同时，他还就系统的开化思想和日本近代化的影响，撰写了《三战论》等文章②，为开展开化、改革运动准备条件。

1904年，义庵下令教团的领导成员组织"大同会"，并让

---

① 《大巡典经》，6—134。

② 三战指道战、财战、言战。道战者，何也？人和之策，非道不能。以道和民，则无为而可治。世界各国各守文明之道保其民，教其职使其国至于泰山之安。可战者道战也。财战者何也？财也者天宝之物货也生灵之利用元气之膏泽。上以国子至于凡民之俊秀，养其才，达其技，一以资外御之策一以致富国之术。此岂非可战者乎？可战者，财战也。言战者，何也？言也者，发薀之标信，叙事之基本也。生存兴戎总系乎此。

"大同会"颁布"断发令"。"断发令"是开化革新运动的内容之一。同年4月，义庵下令朴寅浩、洪秉箕等人从日本归国后组织教徒的"断发"行动。他说，"断发"是文明的表现，是团结教会成员、使教会成员内外合一的重要手段[①]。不过，"断发"活动的开展并不顺利。于是，义庵把"大同会"改为"中立会"、"进步会"，继续开展活动。

"进步会"纲领概括起来具有以下内容：一、尊重王室，巩固独立基础；二、改善政府；三、整顿军政和财政；四、保护人民的生命财产安全[②]。1904年，李容九领导"进步会"在全国发展了360个民会，下令16万名会员断发，将白衣染黑，从而取得了开化活动的阶段性成果。这是韩国近代史上最大的民会运动。

另外，东学教徒在全国360个郡和观察使、郡守等官吏进行谈判，解决各种民怨问题。这是东学革命时期执纲所开展活动的继续。此外，他们还通过穿改良服、戴开化镜（眼镜）、化开化妆、抽卷烟等意识改革和实践活动，在各地（包括僻壤和孤岛）宣传和开化民众[③]。在开化革新活动的全盛期，加入革新运动的东学教徒达到了30多万人[④]。

洪章和认为，民会运动具有如下特性：第一，是近代民族主义运动之一；第二，具有开化革新运动的内涵；第三，作为韩国最早的政党组织，伸张了民权；第四，通过文化革命，改

---

① 李敦化：《天道教创建史》第三篇，第44页。

② 同上书，第45页。

③ 李炫熙：《甲辰开化运动的历史过程》（《东学学报》第4号，2002年），第22页。

④ 吴益济：《甲辰开化运动的现代性照明》（《新人间》，1984年8—9月合并号），第14—15页。

革了原来陈旧的风俗和文化；第五，表达了声讨贪官污吏等社会净化、甚至精神革命的意志①。

但是，由于政府的武力镇压以及"一进会"的收买和怀柔政策，民会运动于1904年10月被"日进会"吸收统合，东学教徒的"进步会"消失了。曾经追随义庵、领导和开展甲辰开化革新运动的"进步会"在被"一进会"收买、合并后，偏离了革新的方向，最终与革新没有任何关系了②。

2. 教团的革新运动和教育、舆论运动

1905年12月1日，义庵宣布将"东学"改称"天道教"③。1906年1月，从日本归国的义庵颁布《天道教大宪章》，后在汉城中路茶洞设立"天道教中央总部"，致力于中央和地方组织改编和近代化教团的重建工作。他制定侍日、祝文、清水、诚米、祈祷等五条宗教仪式，厉行改革。特别是，他将星期日定为"侍日礼拜"，显然是受到西方宗教改革仪式的影响。要求教徒交纳诚米，作为开展活动的财政基础。9月，将勾结"一进会"的李容九等62名背教者清除出门户，努力恢复外界对教团的信赖。

1907年7月，水云和海月的罪名解除，得到了政府的承认，摆脱了"异端"的身份。于是，以"人乃天"为宗旨，努力实现"性身双全"、"教政一致"等教理的近代化。清算与"一进会"的关系，整顿组织、仪式和教理。这样，公认的天

①　洪章和编著：《天道教运动史》，首尔：天道教中央总部1992年版，第138—139页。

②　李炫熙：《东学革命史论》，首尔：大光书林1994年版，第159—160页。

③　《帝国新闻》，光武9年12月1日第1版广告。

道教通过教育和舆论活动，朝着高举民族意识、建立民族独立阵地的方向前进。

义庵认为，对培养民族的自立精神、促进开化而言，大规模的教育比什么都必要。所以，他在流亡日本时，将 64 名青年带到日本，培养民族领导人才。首先，在解决各教育机关财政基础时，对经营困难的宝成专门学校（高丽大学前身）、东德女学校（东德女子大学前身）进行委托经营。同时，在全国建立了 31 个学校，在全国开设 800 多所教理讲习所及夜校，开展扫除文盲运动①。

义庵在开展教育事业的同时，也致力于出版事业。1906 年颁布宗令 12 号，在活字印刷所设"博文社"。在这一印刷所刊行了《大宗正义》等各种教书。6 月，改称"普文馆"，发行了《万岁报》创刊号。《万岁报》发行的目的是"为了启发人民的知识"，因为"摆脱奴役生活、避免禁锢的出路只能是知识的启发"，所以强调，"只有增进学问，促进生产，提高人民实力，我们国家的光明才能走向万岁。"②

特别是，《万岁报》站在国民教育界的前列。教育的目标是为了培养国家栋梁，恢复国家，所以必须接受西方发达文物，开化文明，获得富强。为了有效实现这一目标，就要教育青年子弟。青年只有通过意识改革，将每个人的精神集合起来，抱成一团，才能提高国家的地位，使民权、民理得到发展③。通过《万岁报》，高举近代民权意识的旗帜，站在社会启蒙的前列，高举国家意识和国民意识的大旗，为救国舆论运

---

① 洪章和：《天道教运动史》，第 179—182 页。
② 载于《万岁报》之 1906 年 6 月 17 日。
③ 载于《万岁报》之 1907 年 1 月 26 日。

动作出重大贡献。但是，《万岁报》只发刊 293 号，于 1907 年 6 月停刊。其后，作为教团机关志发行的《天道教会日报》，刊行了 300 多号。尽管其间饱受日帝残酷压制，但还是起到了为民族祈祷、启蒙的作用。

3. "3·1 独立运动"和新文化运动之基石

韩日合并后，日帝对韩民族的压迫和榨取终于导致 1919 年被称为"3·1 独立运动"的民族抵抗运动的发生。这一运动的核心力量和募集资金等皆以天道教为中心展开。

水云的东学在第二代教主海月崔始源的领导下，在严酷的镇压下仍继续成长。在第三代教主义庵孙秉熙时期，其教名改为"天道教"。"3·1 独立运动"时期，教团拥有 800 多万信徒。水云教祖以来绵绵相传的民众意识和对统治阶级的反抗意识，升华为抵抗日帝镇压的民族主义意识。天道教这种规模上的壮大有其人力和物质基础的较充分的条件。

参加过东学革命的义庵，在继任第三代教祖之后，曾在日本流亡一段时间。1906 年义庵归国后，着手整顿教团，致力于提高民族觉醒意识，仍不免目睹日韩合并的悲剧。在这种情势下，他开始着手进行各种民族救亡的准备工作，历时十年，始终不辍。

义庵开展的准备工作如下：第一，在教团内部设立议事院制度，命令地方代表常驻中央，以备不虞；第二，为筹集秘密运动资金提出建筑大教堂的方案，以募集新筑教堂资金的名义筹集独立运动资金；第三，挑选地方代表在隅夷东设凤凰阁修道院修炼，共举办 7 次，每次 49 天，共有 483 名代表参加了这种修炼活动；第四，在乙未年 1 月 5 日至 2 月 22 日的 49 天时间里，要求全国信徒进行光复特别祈祷。这样，在声势造足之后，确立了以全民族的名义进行独立运动的方略①。

"3·1运动"时期，在33名民族代表中，天道教人15人，基督教人16人，佛教人2人。义庵又是其中的总代表，由此可见天道教在其中的地位和作用。

"3·1运动"的基本方式如下：第一，大众化，是全民族参加的民众运动；第二，一元化，没有分派；第三，非暴力的不抵抗主义②。"3·1运动"持续期间，这一精神始终如一。

"3·1运动"宣扬了民族正气，向全世界揭露了日帝的野蛮行径，唤起世界舆论和国际关心。第二次世界大战爆发之后，联合国承认了韩国的自主独立地位。由此，"3·1运动"和"8·15"解放一起成为大韩民国的建国基础。"3·1精神"贯穿于《宪法全文》，作为大韩民国的建国理念，荣耀了国家，荣耀了同胞。

"3·1运动"具有如下精神理念和特性。第一，"3·1运动"是东学革命的继承。因为是以天道教为中心，并在义庵的领导下进行的，所以"3·1运动"追求的精神也正是东学革命所追求的精神。第二，"3·1"精神是自主的民族自觉主义，是民族的主体独立精神。第三，"3·1"精神以团结为特征，是超越信仰和思想的民族联合和民族团结。第四，"3·1"精神是和平的。虽然追求独立，但并不排他，同时追求东方和平，采用的手段也是非暴力的。第五，"3·1"精神是以民主主义为基础。"3·1运动"宣告了王朝历史的终结，因此是基

---

① 洪章和：《天道教运动史》，第140—141页。
② 《天道教运动史》，第141页。

于民主主义的近代民族主义①。

当然，"3·1独立运动"的意义和思想脉络不仅仅在于东学，也成为"民族自觉主义"和民众哀悼王朝灭亡的契机。如果从更高的历史脉络来看，我们会发现，300年来脱胎于实学思想的开化思想在东学革命、义兵运动、爱国启蒙运动相继发生的过程中形成的市民革命意识。开化运动以来，刚刚萌芽的国民国家树立的意志更具体化，刺激了民族统一国家的形成②。

如上所述，虽然天道教的作用是外因，但由于"3·1运动"是在天道教直接领导下进行的，所以天道教通过"3·1"独立运动在韩国近代史上产生了深刻的影响，这是毋庸置疑的。"3·1"独立运动结束之后，天道教对日帝的抵抗运动并没有停止。"6·10万岁事件"、"新干会事件"、"吾心党运动"、"戊寅独立运动"等都是和天道教直接或间接关联的抗日运动。此外，在"上海临时政府"成立和发展过程中，天道教也发挥了重要作用。

东学、天道教思想和运动的巨大影响之一，是在20世纪20年代开展的真正的新文化运动。从1904年爆发的甲辰开化运动开始，通过教育、舆论、出版、儿童、青年、农民、女性、工人等各阶层开展新的运动，新文化运动得到了进一步发展。

甲辰开化运动的重要内容是高教文化、政治运动。1904年，随着义庵下达教徒断发命令、组织"进步会"、策划教团革新，教育运动开展了起来，设立了许多教育机关。

①　《天道教运动史》，第147—148页。
②　李炫熙：《韩国近代史与民众意识》，首尔：探求堂1981年版，第91页。

儿童运动：1921 年 5 月 1 日，方定焕创立天道教少年会。在成立一周年后，宣布"儿童日"。刊行了发行数量超过三万的《儿童》杂志，在为儿童灌输理想、希望、新知识方面发挥了作用。

青年运动：20 世纪 20 年代末开始的青年运动，积极开展了出版事业、体育活动、农民运动。1923 年，天道教青年党成立，其宗旨是建设地上天国，其纲领是：第一，实现与人之自然本性相符的新制度；第二，树立与"事人如天"精神相符的新伦理。作为"开辟社"的中心力量，青年们高举精神开辟、社会开辟、民族开辟的旗帜，开展了青年活动。在体育活动方面，主要开展了经营棒球俱乐部、提高国民体育素质的体操普及运动。在农民运动方面，成立了"朝鲜农民社"，刊行农民杂志，领导农村启蒙运动。

农民运动：1919 年下半年开始成立的"朝鲜农民社"的纲领大致如下：第一，保障农民大众的生活权，解决其现实不安问题；第二，训练农民大众的意识；第三，通过加强农民大众的团结，支持全面运动。1925 年，在天道教青年部领导下成立的"朝鲜农民社"刊行了《朝鲜农民》杂志。从组织结构来看，有农民社本部、郡农民社、里农民社。至 1933 年，郡农民社有 150 多个，里农民社有 3000 多个，社员有 20 多万。从农民共同生产小组的活动来看，1928 年的小组有 130 个，参加小组人数达 10 万人[1]。

女性运动：义庵对女性教育非常关心，他建立了东德女学校、养德女学校、明新女学校等女子学校。1922 年，发行《妇人》（后改名为《新女性》）杂志。1924 年，天道教女性团

---

[1]　洪章和：《天道教运动史》，第 197—199 页。

体——"内修团"、"女性同盟"成立。女性运动在消除封建社会男尊女卑思想、宣扬男女平等思想方面发挥了积极作用。

工人运动：1925年5月，"朝鲜劳动社"成立。"朝鲜劳动社"主要进行工人问题研究、启蒙工人大众、团结和指导工人阶级、确保工人的生存权等各种活动。据《天道教青年党小史》，劳动部开展了如下活动：关注文字启蒙和思想启蒙，促进民众的初步觉醒；为民众争取社会生活、经济生活利益；通过文字教养和思想教养，促进劳动者的意识觉醒，同时解除其近代生活的压力；设定劳动者生活最低保障收入、缩短劳动时间、改善其他待遇；成立劳动者自己的小组，促进相互之间的团结和学习，同时争取自己的利益。

舆论、出版运动：如前所述，天道教的舆论、出版运动很早就开展了起来。如设置"博文社"，刊行《万岁报》等。在天道教开展的新文化运动中，以"开辟社"和"朝鲜农民社"为中心开展的活动比较有代表性。开辟社在1920年6月25日发行《开辟》创刊号，隶属于青年教理部，主编是李敦化，发行人是李斗星，1926年8月发行第76号后停刊。《开辟》虽然是当时众多的舆论媒体之一，但对韩国文化发展具有深远影响。朝鲜农民社在1925年12月发行《朝鲜农民》创刊号，至1930年1月发行33号后暂时停刊，复刊后至1933年12月发行第42号后正式停刊。此杂志对朝鲜农民产生的影响以及在启蒙农民方面的贡献也是不可低估的。

除了以上介绍的杂志外，这一时期天道教发行的杂志有10多种，内部发行杂志有《天道教月报》（1910）、《新人间》（1926）等。

天道教开展的新文化运动具有如下特征：第一，是以"人乃天"思想为基础的个人主义新文化创造运动，符合追求个人尊严和自由平等的近代化理念；第二，以开辟思想为基础，清算旧文化，创造新文化；第三，以"辅国安民"思想为基础，具有浓厚的韩民族主义倾向，是从民族主义运动走向抗日抵抗运动的延续；第四，是以民众为对象、以民众为基础的民众文化运动；第五，是具有普遍性的民族、民众运动，运动的主体是天道教，但又不局限于天道教。①

Ⅷ. 弘岩罗喆的大倧教重光和民族运动

1. 弘岩的檀君思想重光运动和日帝的镇压

弘岩罗喆（1864—1916），大倧教的创立者，檀君思想的重光者。1909年，弘岩以檀君思想为基础，以白峰檀君教为基础，对檀君思想进行了系统化和组织化，创立了大倧教。

弘岩早在29岁的时候就通过了文科考试，担任"起居注"② 一职，后来又担任"权知副正字"。后来因与增税署长有矛盾，辞官归隐。随着日帝侵略日益公开化，弘岩投身于救国运动潮流。1905年，与吴基镐、金寅植等人一起发起暗杀缔结《乙巳条约》的"卖国五贼"的活动，失败后被判10年流刑，发配到智岛郡。后来，高宗特赦，才结束流放生活。弘岩是彻底的爱国者和民族主义者，曾四次到日本，多次上书日本政府和国会，谴责日本。

1905年，弘岩从白峰处获阅《三一神诰》、《神事纪》，触

---

① 洪章和：《天道教运动史》，第208—209页。
② 通常把昼夜陪在国王身边、记录国王言行的官员称为注书。

动颇大。1908年11月，他从杜一白那里接过檀君教《布明书》，确立了以檀君思想为基础、挽救国家的思想。1909年，46岁的弘岩重光檀君教，并于次年7月30日改称大倧教。

檀君教重光之后，开展了各种活动，例如供奉檀君像、刊行檀君文献、制定"开天节"、使用檀纪年号等。于是，日帝视其为"崇拜国祖檀君的抗日教团"进行迫害。"日帝不仅在中央总部，而且在地方教区派遣宪兵对其进行监视，除了监视领导人的一举一动，而且还限制一般教徒的日常进出。禁止组织演说、集会、出版等活动。每月要向日帝汇报财产情况。"[1]不仅如此，日帝认为大倧教是"类似宗教团体"，而不是宗教，所以对其进行迫害，例如禁止集会设堂、"剥夺大倧教教徒自由"、派宪兵和警察监视大倧教教徒、甚至监视大倧教教祖等领导人的私生活。一旦有诉讼发生，不分青红皂白、是非曲直，就判大倧教教徒败诉[2]。

1915年12月1日，朝鲜总督府颁布83号令，即《宗教统制案》。1915年12月21日，弘岩向朝鲜总督府递交了准许神教传教规则的宗教活动申请书。但是，总督府方面却故意接收所有被看做是类似宗教的团体的资料，并唯独以大倧教非神教为由，驳回了其提交的材料。不仅如此，还禁止其教内教外的活动，甚至拘捕和威胁教祖[3]。

1916年4月，弘岩将教统之位传给金教献后，于8月15日在九月山三圣祠自杀，终年五十四岁。他提出的自杀理由如下：第一，"罪恶深重，才德菲薄，不能普光天祖之大道，不

---

① 大倧教宗经宗史编修委员会，《大倧教重光六十年史》，首尔：大宗教总本社1971年版，第179页。

② 同上书，第181页。

③ 同上书，第185—186页。

能弘济神族之胥伦,反致有今日之侮辱,兹决一缕之命,以殉于倧教者";第二,"敬奉八载,道辄灵应,屡蒙神眷神慈,默契默祐,若将溥救众生,而精诚微贱,不能报答万一之恩,兹决一缕之命,以殉于天祖者";第三,"今代普天下同胞兄弟姊妹迷真沉妄,竟堕苦暗者之罪,兹决一缕之命,以殉于天下者"①。此即《殉命三条》。简言之,就是未能完成大道之传播;非但未能挽救民族,反而给民族带来耻辱;传教八年,成果全无,辜负了上帝给予厚恩,所以以死洗刷所有同胞之罪孽。

2. 大倧教的满洲迁移和抗日独立运动根据地的建立

大倧教于 1911 年 6 月开始在满洲进行传教活动,因为无法在国内进行宗教活动,于是在 1914 年 5 月将总本社迁到白头山北麓北间岛的青湖,并对传教地区进行了改编,将整个传教地区分为五个教区:整个朝鲜半岛为南道教区,南满洲至中国山海关为西道教区,东满洲一带和辽宁沿海地区为东道教区,北满洲一带为北道教区,日本及欧美地区为外道教区,从而确立了庞大的传教战略。

之所以将总本社迁到白头山,是因为这里是天孙民族,即韩民族的发祥地,是民族精气汇聚所在,有利于树立民族精神,开展抗日独立运动。

尹以钦认为,大倧教将本社迁移至满洲的原因如下:第

① 《大倧教重光六十年史》,第 209—210 页。

一，日帝视大倧教为抗日救国运动的秘密结社团体而加以迫害；第二，间岛的地理位置对于培植独立运动力量非常有利；第三，满洲在历史上有不少韩人居住，所以也适合做抗日独立运动的根据地[①]。

总本社迁移至满洲不久，就于 1914 年 6 月举行了大规模的祭天仪式，接着于 10 月举行了祭天仪和祭山仪。这一系列的祭天仪式目的是为了将拥有檀君历史的民族力量统合到教团组织和抗日运动中去。与此同时，在青湖建立了古经阁和古灵祠。古经阁是保管大倧教信徒收集的各种古经、古词以及与大倧教相关的经典文献的地方。古灵祠是供奉对檀君神教的发展做出重大贡献的历代国王和活跃在檀君古朝鲜和满洲地区的英雄和圣贤人物的地方。

随着大倧教教团体制的建立、传教活动的开展、教团势力的迅速壮大，在满洲大倧教的活动呈现出活跃的态势，于是日帝对伪满洲政府施加压力。1914 年 11 月，从和龙县开始对大倧教下达解散命令。不仅如此，大倧教的在满洲活动可以说是抗日救亡运动的内外斗争的延续[②]。

大倧教的抗日独立运动以宗教活动和教育为中心展开，其宗教活动和各类学校的成立为抗日独立军输送了大批人员。在"3·1 独立运动"爆发的前一年，即 1918 年春，徐一、金东

①　尹以钦：《日帝的韩国民族宗教抹杀政策》，首尔：高丽翰林院 1997 年版，第 323 页。

②　先不赘言和我们民族的凤敌日寇以及偶尔于中国本土的马贼进行的斗争。更可悲的是，内部也发生斗争，例如：保守派和进步派之间的对立斗争、共产主义和民主主义之间的思想斗争、英雄主义者之间争夺领导权的斗争、不同地区之间的感情斗争，甚至于老年人和青壮年之间也展开斗争。（《大倧教重光六十年史》，第 300 页）

三、金佐镇、柳东说等 39 名大倧教人士发表了署名《戊午独立宣言书》①。建于 1910 年南满新兴讲习所、新兴中学等军事学校，于 1915 年 5 月在李始荣的领导下，成立了新兴武官学校，培养了大批独立军战士。仅 1920 年 8 月一年毕业的学生人数就达到两千多人②。

徐一领导的"重光团"、尹世复领导的"兴业团"以及其他武装反日斗争都是在大倧教领导人的组织下开展的。1919年 12 月，"重光团"改名为"北路军政署"。

1920 年，徐一当选为"北路军政署"总裁。在徐一的领导下，金佐镇、李范奭率领独立军取得青山里战斗的胜利。在这场战斗中，独立军以 1800 人与三个旅团的日军对峙，日军死伤者 3800 多人，而独立军牺牲人数只有 60 多人③。1921年，日军对大倧教进行讨伐，徐一殉教。此后，日帝屠杀了大倧教信徒数千人。据珲春、延吉、和龙、汪清四县的不完全统计，日军攻击了 69 个部落，屠杀 3600 多人朝鲜族百姓，烧毁房屋 3500 多间、学校 59 所、教堂 19 座、掠夺粮谷 59900多石④。

1923 年，金教献殉教，尹世复继任第三代教主。尹世复领导大倧教继续开展传教活动和独立运动，组织地下抗日武装斗争，并在上海临时政府成立的过程中发挥了重要作用。

---

① 大倧教宗经宗史编委员会，《大倧教重光六十年史》，第 301 页。
② 《大倧教重光六十年史》，第 383 页。
③ 同上书，第 378 页。
④ 金东和：《中国朝鲜独立运动史》，榉树，1991 年，第 82 页。

第 三 篇

日本帝国主义强占时期的
民族宗教运动

尹以钦（首尔大学 宗教学教授）

Ⅰ.日帝的民族宗教政策

　　韩国的民族宗教是以 1860 年发生的东学运动作为起点的。东学运动发生的朝鲜王朝后期是一个价值观混乱的时期。东学运动发生的首要的原因可以说是由皇室外戚所推行的势道政治。由于势道政治，除非是族阀或与他们有关联的人，其他人几乎没有获得一官半职的机会，加上由此而加剧的官僚们的苛捐杂税，广大民众生活于涂炭之中。因此，各地偷盗猖獗，民乱不断。没有被录取官职的两班阶层和深遭经济掠夺的下层群众陷于绝望之中。在这种动荡不安混乱的社会背景下，传入到韩半岛的天主教，在两班阶层和下层民众的积极响应下，得以迅速地发展和壮大。天主教势力的扩大，成了东学运动发起的第二个原因。

　　正是为了治理好陷于混乱的社会现实，出现了作为其对应的新的宗教运动，这就是崔济愚所创建的东学。东学并不限于单纯的信仰运动，它还具有抵抗官僚暴政、反对引进西欧思想以及外势入侵等民众运动的性质。东学的上述行径延续到1894年的东学农民革命，进一步高扬了反封建、反外势的旗帜。气势浩荡的东学运动，在封建统治者和日本帝国主义的残酷镇压下，最终以失败告终。

另一方面，亲眼目睹了东学革命的发生过程以及失败之悲惨结局的甑山姜一淳认为东学革命在动员民众的斗争方式上存在问题，进而开展了灵性的或神秘主义的宗教运动。但是，在甑山化天之后，追随甑山的众弟子们自立门户，形成了不同的宗派。

在日本帝国主义强占时期出现的另一种形态的民族宗教运动，则是少太山朴重彬创建的圆佛教。少太山选择了既非民众运动、又非神秘运动的第三条道路，即采取了通过经济自立运动而调节精神和现实世界之理想的合理的立场。在此之前，弘岩罗喆创立了供奉檀君的大倧教。大倧教从创立之日起，宣扬民族意识和抗日意识，开展恢复国家主权的运动。

这样，在进入19世纪末20世纪初的历史剧变时期，民族宗教揭示出了克服现实社会矛盾的各种对策，开展了精神上的救国运动。上述这些民族宗教运动虽然在其教理或具体的方法论上存在着差异，但其共同点是他们都具有以韩民族为中心的开辟思想。韩国民族宗教的开辟思想，简单来说就是在行将到来的新天地里"韩半岛成为其中心，韩民族成为其主角"的思想。由此可见，民族宗教是宣扬民族主义理念的最为坚实的社会理念实体。

民族宗教不仅对那些面对亡国的现实而彷徨的民族给予了希望，而且成为了确立民族主体性的精神依据。民族宗教起到了点燃独立意志的作用，后来演变为独立运动。正因为这样，民族宗教被日本帝国主义认定为鼓吹民族正气和抗日精神的幕后团体，因此，在韩国恢复主权、宣告独立之前一直成为日本帝国主义镇压和怀柔的对象。在这个过程中，各个民族宗教或者继续开展民众运动，或者转换为神秘主义运动，或者把根据地转移到国外，继续坚持民族独立运动，呈现出了不同的多样化的面貌。

另一方面，日本帝国主义在统治韩半岛期间，根据不同时代和状况不断地改变其政策来实施更加有效的殖民统治。这种态度在实施宗教政策方面也不例外。本章主要针对民族宗教运动的多样化、日本帝国主义所采取的不同的镇压政策以及民族宗教的回应进行考察。

1. 通过法律和法规的统制政策

日本帝国主义根据1905年签订的《乙巳条约》有关规定，设置了统监府，并通过统监府实施对朝鲜的支配。他们为了达到吞并韩半岛的目的，有条不紊地推行了剥夺外交权、实行"顾问"政治、解散军队等一系列措施。同时，为了进一步巩固其统治基础，开始着手解决宗教和教育问题。这是因为，只有有效地遏制住以宗教和教育为手段来鼓吹民族意识的行为，防止民族意识的传播，才能有效地实行其殖民统治。

因此，日本帝国主义所推行的宗教政策，一开始就朝着为殖民地政策服务的方向展开。1906年统监府制定并公布了《关于宗教布教的规则》。根据此规则，宗教所指向的仅仅是神道、佛教和基督教，明显表露出了把民族宗教从宗教对象中排除出去的动向。

统监府令第 45 号关于宗教布教的规则：

第一条　作为帝国的神道、佛教及相关宗教的教派或宗派，在从事布教活动时，须由有关长官或相应的人来选定韩国的管理者，并添附履历书。同时，须具备下列几个事项并得到统监府的认可。

1. 传教方式

2. 对传教人员的监督方法

第二条　除了上述条规以外，帝国臣民……要通过管辖理事馆得到统监的认可。

第三条　作为宗教的用途……要设立的时候……要得到当地的管辖理事官的认可。

1. 名称及所在地　　2. 宗教的名称　　3. 管理及维持方法

第四条　教派、宗派的管理者或者……通过管辖理事官来得到统监的认可。

第五条　如要变更各条款中的认可事项，须要重新得到认可。

第六条　教派、宗派的管理者或者……须把资格取出给管辖理事官。传教人员有异常行为时也应向理事官报告。

附　　则

第七条　本规定自明治 39 年 12 月 1 日起生效。

可以看出，日本帝国主义出台的《关于宗教布教的规则》，规定了各种传教活动都必须事先得到认可方可实行，暗示所有的宗教活动都要受到统监的限制。但是，即使是受到限制的宗教活动，民族宗教也被排除在外。日本帝国主义根本不承认民族宗教为一个独立的宗教团体这一点，我们可以从他们在本国所采取的政策当中体会到。

1873年，明治政府宣布，禁止当时遍传于日本社会的各种接神信仰和祈福行为。1874年，规定宗教式的治病是有碍于医疗的行为，发布了严格加以管制的《教务省达书乙第33号》①。

如果根据此条令，神道所行使的作为传统方法的禁压祈祷等无大碍，但是宗教方式的治病行为则因违背政府的宗旨，因而应加以取缔。当时，包括天理教、金光教、大本教在内的日本许多新宗教都在搞接神信仰或从事治病行径，因此，这些日本的新宗教也都理应成了管制的对象。依据这些宗教条例和政策，日本传统的神道、佛教和基督教等三大宗教得到了"作为宗教"的认可。第一，日本通过明治维新已建立了国家神道体制，并借助国家神道这一强有力的宗教力量来实现自己的政治目的。第二，佛教是构成日本文化核心的宗教。第三，从当时的国际关系来看，基督教也变成了不得不给予公认的宗教。对上述的三个宗教给予公认，如实地反映了当时的日本社会状况。但是，除了这些以外的所有的宗教也与"公认宗教"相类似为由，被规定为类似宗教或者似而非宗教。而问题是那些被规定为"类似宗教"或者"似而非宗教"的宗教团体或组织不能进行正常的宗教活动。

把上述这些情况概括起来，我们可以清楚地看到，日本帝国主义把宗教分离为"公认宗教"与"类似宗教"，其意图是

---

① 大浜徹也"淫祠邪教·类似宗教"，《历史公论》7（第5卷7号），1979年7月，第83页。

为了把宗教利用于自己的政治目的。将公认宗教的社会影响力利用到帝国主义体制上，对其他类似的宗教则要采取镇压的措施。

日本帝国主义的这种政治意图，我们可以从 1899 年 7 月颁布的《内务省令》第 41 号中进一步确认。根据此令，日本政府允许神道的 13 个教派、佛教、基督教等公认宗教在全国范围内的活动，相反，对明治维新以后创立的其他新宗教则进行残酷的镇压。其中的缘由主要是因为日本政府担心新宗教会成为他们推行天皇体制的绊脚石。

因此，日本在殖民地韩国也无法容忍除日本神道、佛教、基督教之外的其他宗教的活动。如果他们在本土和殖民地韩半岛所推行的政策和立场有所差别的话，在本土是为了彻底地维持天皇制度，而在殖民地韩国则是为了强化其殖民统治而已。

接着，日本帝国主义于 1907 年又颁布了《保安法》。如果说《关于宗教布教的规定》是管理宗教的传教活动的话，那么《保安法》就是按照自己的意愿来统制宗教活动的一种手段。因为《保安法》中规定了警察可以依据自己的判断限制集会、结社自由等内容。

这样，日本帝国主义为了把韩半岛变成自己的殖民地，并有效地加以统治，事先采取了种种措施来限制宗教活动。特别限制在韩半岛本土创建的民族宗教一致主张"以韩民族为主角的新天地即将到来"的开辟思想。这种宗教教诲不仅给韩民族成员注入了民族自信心和自豪感，而且自然地被日本帝国主义视为抹杀韩民族其民族性的极大的阻碍力量。因此，日本认为，禁止宗教活动，特别是阻止民族宗教活动才能有效地进行殖民统治。可以说，日本帝国主义的这种立场和态度，直接体现在《关于宗教布教的规则》和《保安法》上。

日本帝国主义除了利用制定法规等手段来限制宗教活动外，还用其他的方式来妨碍民族宗教的活动。他们甚至指示一进会的核心势力人物李勇九和宋秉俊从天道教中把侍天教分离出来，试图分裂天道教。

1910 年 8 月，日帝强制合并韩半岛以后，设立了总督府，并动用宪兵和警察来统治韩半岛。早在合并之前就已经解散大韩帝国军队的日本帝国主义，在合并后所推行的宪兵警察制度，只是把合并之前的宪兵警察制度进一步扩大而已，其目的就是为了禁止韩民族的反日意识宣传和组织反日义兵活动。他们的这些政策和措施，也适用于宗教活动。日本帝国主义利用 1910 年 8 月颁布的警察令第 3 号《取缔集会》条例，禁止集会或群众性活动，使宗教活动更加萎靡不振。

1911 年，日本统治者依据朝鲜总督府府令第 73 号，颁布了《庆学院规定》。根据此规定，成均馆成为朝鲜总督的下属机关，进而朝鲜儒教原有的宗教性功能也随之消失。同时，还利用《寺刹令》和《寺刹令试行规则》，把全国的寺庙统合起来，以便朝鲜总督府随意加以管制。在完成了对韩国儒教和佛教的统制之后，日本帝国主义开始把魔爪伸向其他宗教组织和团体。

1915 年 8 月，日本统治者制定并公布了《布教规则》，构筑了其宗教政策的基本骨架。此规则中第一次含有在韩半岛区分公认宗教与类似宗教的内容。《布教规则》第一条规定：宗教是指神道、佛教和基督教。这说明他们把在本国所采取的宗教政策原封不动地直接挪用到韩半岛。神道作为日本的国家宗教，是用来有效地维持日本天皇制服务的宗教。佛教作为日本的中心宗教历史悠久，他们断定通过《寺刹令》可以有效地对其加以控制。基督教虽然不是日本的主流宗教，但基督教是由西方传教士及其背后的西方势力支持、以成为日本近代化样板的西方文化为中心的宗教。因此，日本在其统治的殖民地上，也不得不公认这三个宗教。

但是，日本统治者所推行的宗教政策，直接导致了出现在韩国的新宗教也同日本的新宗教一样，不能成为公认的宗教。因此，包括天道教在内的韩半岛的民族宗教，只能被打上类似宗教或似而非宗教的烙印。实际上《布教规则》第15条规定：对朝鲜总督根据某种需要给予认可的类似宗教，本规则也是有效的。这样，除了公认宗教以外的所有宗教都被划入为类似宗教。单从规则上的条款来看，即使被划定为类似宗教，但是根据总督的断定，也可以公平地享受布教权利而从事宗教活动。但是，另一方面又暗示了那些没有被公认的宗教随时都可能会遭到镇压。日本统治者就是利用这样的规则，有时对"类似宗教"进行镇压，有时又公认其为宗教。他们正是通过这种既镇压又安抚的手段，达到瓦解民族宗教、使民族宗教按照他们意愿来发展的目的。事实上，在颁布《布教规则》的同年12月21日，大倧教根据规则的要求向总督府提交了申请书，但总督府却以大倧教是非宗教团体为由拒绝了申请。结果，作为宗教团体而宗教活动得不到保障的大倧教，不得不把总部搬迁到满洲。

日本帝国主义虽然完善了统制宗教的各种规则与法令，但是经历"3•1运动"之后，把统治手段从武断统治变更为所谓的文化统治。从表面上来看，这好似从武断统治时期的高压统治方式转向为文化统治，进而开始实施怀柔政策，但其实质就是要制造民族分裂，把民众的视线从民族意识转移到其他地方，由此达到扼杀民族运动的目的。还有，虽然取缔了作为武断统治之象征的宪兵制度，但军警的兵力却增加为以前的三倍。这足以表明文化统治的真正意图。

日本帝国主义通过各种规则和法令，虽然已经有效地管理公认宗教，但如何管制民族倾向浓厚的民族宗教则是一大课题。为解决这一课题而出台的是，日本统治者所采取的民族分裂政策。实际上，进入到 20 世纪 20 年代之后，大部分民族宗教派系中，因其内部的保守势力和改革势力、中央与地方势力之间的矛盾和葛藤，已经出现了内部的分裂和教坛的分离。

除此之外，日本帝国主义还实行了另一层面上的削弱民族宗教的民族意识之政策，就是企图把民族宗教对民族运动的关怀转移到其他地方，即把民族宗教运动的视线从民族运动诱导到文化运动。这里所说的文化运动，其内容包括启蒙运动、修炼、社交、改善生活等。结果，很多民族主义者选择的民族独立运动的方向逐渐向以改造民族性、积蓄实力及其准备、自治主义为旗帜的右派民族主义。因此，原属于民族宗教的民族主义者也先后转向为开展文化运动的方向。

日本帝国主义又将管理宗教的机构二分化，即由总督府学务局的宗务科主管公认宗教，由总督府的警务局主管非公认宗教。

"对簇生的宗教，宗教当局的措施如何——对天道教的对策最难——"

（前略）据与宗教行政有关的某当事者透露，"原来宗教是只要总督府承认其为宗教，则可依据《布教规则》进行传教。否则的话，因宗教行政不承认其为宗教，故不属于《布教规则》的适用范围，因此被视为普通的集会，交由警察来管制，宗教科并不直接管理。而对天道教虽然没有像佛教和耶稣教那样被公认为宗教，但它作为产生于朝鲜的宗教，其历史悠久，信徒众多。因此，对是否将天道教同佛教和耶稣教一样给予认可这一问题，总督府也进行了长时间调查。虽然世间有很多风闻，但总督府还没有制定出具体的方案，对那些冠以其他宗教名称的团体也没有给予认可。所以，将其继续移交给警察局处理，同取缔普通集会或结社同等对待，宗教科从不直接参与。"如果事实果真如此的话，总督府对待宗教的方针还没有太大的变动①。

从这个新闻记事来看，日本统治者是把对民族宗教的管制移交给警察，并通过警察来进行长时间的监视。即不是把民族宗教教团的集会看成是宗教集会，而是把它按一般的政治集会来加以分类；其宗教团体也作为类似宗教被分成政治结社或社会团体等类型加以监视。

1930年代是韩民族的民族性几乎被抹杀的时期。在此之前一直为民族独立而奔波的民族运动的领袖们，也开始了充当日本帝国主义走狗的角色。民族宗教活动和教团的势力也被削弱，或者转入地下，或者屈从日本统治者制定的政策。因此，这一时期日本统治者仅靠行政手段也可以实施有效的宗教政策，并由此把宗教团体的性质变换为社会教化团体，进而将其引诱到振作国民精神的方向。

"一齐镇压欺骗民众的邪教团体——剿灭以普天教为首的类似宗教，强化对公认宗教的统制"

数日前，全北警察局开始了对普天教的镇压。当局要取缔类似宗教的政策终于出台，引起了悍然风波。但是，据说警务局就有关类似宗教的取缔问题，重新召开了干部会议，还制定

---

① 《东亚日报》1920年7月22日。

了今后的方针。即警务局要与学务局联手，一方面强化对公认宗教的统制，另一方面，在对类似宗教的取缔问题上，像普天教那样的邪教要严禁一切集会活动和献金活动，对类似团体要强行解散并彻底消灭。同时，对其他的类似宗教也要进行严格监管，若在治安上或有欺诈民众的行为，定将严厉处置。因此，在全面开展宇垣总督之得意作品的深油开发运动时，在宗教的统制与复兴方面也会掀起一场大的运动。这不仅对朝鲜的思想领域，而且对朝鲜社会的各个方面，乃至对朝鲜精神文化，将产生极大的影响①。

这条新闻明确地告诉人们，当时对公认宗教的严厉统治，以及总督府是如何对待除公认宗教以外的其他宗教的。非公认宗教都被划入为类似宗教，其中大部分都被当成邪教。这实际上是说类似宗教就是邪教。也就是说，因为是邪教，所以不能允许其宗教活动；因为是邪教，故该团体终究也必将被消灭。

"宗教类似团体，教徒有十万，惑世诬民的各种宗教——最近总督府调查"

正是抓住政治失意、生活贫穷的近代朝鲜人民的微妙的心态，雨后春笋般出现的各种类似宗教团体以迅猛的态势发展壮大，广大民众也纷纷皈依类似宗教。正好抓住人民心理的宗教类似团体，开始蔓延，像普天教那样的团体建立了如同黄金般的地上王国。而鸡龙山下的新都内那样的地方惑世诬民现象严重，被迷惑的农民其凄惨情景暴露无遗。但世间还是十分暗淡，各种名目的惑世诬民的团体多达55个，称

---

① 《朝鲜日报》1936年6月14日。

信徒的人也达 10 余万之多。这个统计是在总督府所做的最新调查报告《宗教类似团体》中，挑选没有按总督府颁布的《布教规则》得到认可、却拥有一般社会稳定的势力的、几个宗教团体除外的身份不明的团体而作出的统计，难免带有片面性①。

　　从以上的新闻报道来看，当时的社会舆论根本没有脱离日本统治者所倡导的类似宗教就是邪教的逻辑。当时的舆论之所以持有类似于总督府主张的类似宗教就是邪教的逻辑，其原因可以归结到从宗教概念所内含着的对那些反社会的行为必须给予制裁的逻辑上。从这一点可以看出，日本帝国主义从殖民统治初期开始所推行的民族宗教政策，可谓是成功的作品。到了这一时期，民族宗教的活动因警察的统制与舆论的攻击，事实上已处于筋疲力尽的状态。

　　而且，把民族宗教规定为类似宗教的日本帝国主义又刻画出了类似宗教的邪教性，更加露骨地表露出了其险恶用心。日帝为了强化对类似宗教的取缔，把各种类似宗教团体认定为邪教，严禁搞集会和献金活动，强行要求解散其团体②。可见，邪教的逻辑或作用就在于，对民族宗教严管过程中为取缔类似宗教提供了名分。

　　而对于他们的政策给予极大动力的就是受朝鲜总督府下属学务局委托而进行的村山智顺的宗教调查事业。他借助于遍布全国的警察力量的协助，调查并整理了当时韩国社会自生的新宗教，出版了《朝鲜的类似宗教》一书。这项调查是总督府极力推进的庞大的社会调查的一部分。村山智顺把朝鲜类似宗教

---

① 《东亚日报》1932 年 6 月 16 日。
② 《朝鲜日报》1936 年 6 月 14 日，参考"一齐镇压欺骗民众的邪教团体"。

的开端定为崔济愚的东学，并主张类似宗教大部分是综合儒、佛、道三教来反映朝鲜的社会现实的。[①] 结果，东学作为民族宗教的开端，之后所有的民族宗教都被称为类似宗教。监视类似宗教的警务局将调查成果当做法律之理论基础，成为了直接统制民族宗教的主体。警务局还特别把在国内外具有强大势力和影响力的天道教（东学系）、普天教（甑山系）、大倧教（檀君系）当做其主要的监视对象。

被规定为类似宗教、邪教的民族宗教，不仅受到总督府的统制，而且还不得不受到来自国内舆论的攻击。对那些在日本警察的监视和统制下已经收敛起其活动民族宗教，舆论定性为应从世间驱逐出去的"恶"，甚至连纯粹的宗教活动也得不到社会的认可。

日本帝国主义对民族宗教所实施的镇压行径，是以法规和理论为基础，动用国家的力量周密地、持续地进行的。在殖民统治初期用法规和武力管制民族宗教的日本帝国主义，经过以民族意识为核心的"3·1运动"之后，修改其政策方向，将武断统治机制转换为文化政策。当然，镇压民族宗教的基本政策没有发生变动，只是把表面的方向转换成怀柔政策。从某种意义上，日本帝国主义所实施的怀柔政策经过这一时期，各民族宗教团体已无法抵制总督府的管制。这一时期实施的日本帝国主义的宗教政策，是将民族宗教规定为类似宗教、邪教，并迫使其走向分裂和衰退的政策。日本帝国主义对民族宗教所推行的政策，大部分都是在这个时期形成的。

---

① 村山智顺、崔吉星著，张相彦译：《朝鲜的类似宗教》，启明大学出版部1991年版，第15—16页。

2. 对民族宗教的镇压政策之类型

　　日本帝国主义一方面动员国家的法律与公共权力来统制民族宗教，另一方面又推行分裂民族宗教、削弱宗教团体势力的政策。正如前面所提到的那样，为了巩固自己的殖民统治，他们必须有效地统制具有强烈的民族意识的民族宗教。为此，日本帝国主义所采取的策略就是搞民族宗教分裂。

　　首先，日本帝国主义利用自己能够操纵的势力，形成民族宗教的外围组织，挑拨与原有教团之间的纠纷，从而制造两者的对立，并由此来削弱民族宗教的凝聚力。早在韩日合并之前，日本统治者教唆一进会的李勇九、宋秉俊等人建立侍天教，与天道教相抗衡。这是人人皆知的事实。

　　到了 1920 年代，日本统治者为了削弱天道教的势力，促使亲日分子建立了青林教与济愚教。其中，济愚教是为分裂天道教的势力而动用一进会的干部们建立的，济愚教在伪满则被亲日团体的组织所利用[①]。因此，天道教的势力被大大削弱。组织这些外围团体的势力几乎都是与日本帝国主义的走狗、日本统治者关系密切的人。这些人组织的外围团体，不仅起到了阻碍现有的民族宗教发展的作用，而且还起到了分裂或削弱教团势力的作用。

　　这样，日本统治者一方面构筑外围组织并以此与现有宗教团体相对峙，另一方面又策划并制造了民族宗教的内部分化。为了达到分化宗教组织的目的，日本统治者把亲日势力安插到

---

　　① 齐藤实文书 916，"济愚教义书"，1920 年 2 月转引姜东镇，《日帝的韩国侵略政策史》，韩吉社 1980 年版，第 255 页。

宗教组织内部，制造内部的理念对立。齐藤实在就任朝鲜总督期间积极推行分化民族宗教、削弱宗教势力的政策。他扶持和培养亲日势力，把他们渗透到民族宗教团体内部，并通过他们来削弱民族宗教的势力。

从齐藤实《关于朝鲜民族运动的对策》（1920）（齐藤关系文书742号）的构思中，我们可以看出其宗教政策的要点。即培养亲日派人物，把他们打入宗教团体内部，并根据其地位和内部状况组织各种亲日团体。同时，要想尽一切方法让他们掌握宗教团体的领导权①。

首先让亲日分子打入民族宗教教团内部，通过得力的日本人士来操纵民族宗教团体，让宗教团体听从于日本统治者制定的施政。这就是日本帝国主义者的企图。在此过程中，会产生内部分裂。宗教组织内部分裂的原因有很多，但就此情况来看，是否执行日本统治者的时策，也是造成深刻对立的原因。就天道教的状况来看，当时的天道教内部已经形成了新派与旧派、天道教联合会派与育任派之间的对立。随着这些派系纷纷自立门户，天道教的势力明显减弱，这又导致了削弱民族运动势力的结局。这样的内部分裂不仅发生在民族宗教内部，在公认宗教内部也曾发生过。

与上述这些内部和外围的分裂政策相并行的日本侵略者的民族宗教政策，是一种从民族感情上自觉地远离民族宗教，即所谓的把民族宗教从韩民族当中孤立起来的政策。为此，日本帝国主义设立的总督府开始着手并利用韩民族成员的反日情绪。这就是，他们诱导那些民族宗教团体做出一些亲日行径，促使韩民族成员们产生一种背信弃义的感觉，背离宗教团体。

① 朴景植：《日本帝国主义的朝鲜支配》，清雅，1986年，第209—210页。

就此下去，韩国的民族宗教就会被韩国人所孤立，到时候总督府就能轻而易举地搞垮这些民族宗教团体。

其中，最典型的例子就是 20 世纪 20 年代普天教所展开的时局大同团活动。普天教创立之后曾一度受到日本统治者的镇压。普天教为了维护其教团，自 1924 年开始有意识地与总督府进行妥协。当时，普天教正面临着日帝的镇压和检举，其内部矛盾也在不断地激化。为打开教团所面临的严峻的局面，普天教组织了亲日组织——时局大同团。时局大同团以日本帝国主义所标榜的内鲜一致、日鲜融和、大东亚共荣等类似的主题进行全国范围内的巡回演讲，其活动所需经费全部由教团承担。当时时局大同团开展的讲演，因庇护日帝的侵略，因此遭到了民众的强烈反对。国内舆论也批判时局大同团的活动，甚至一些人还袭击了普天教①。日本总督府当局则对声讨时局大同团的讲演或袭击普天教的人，以犯上骚扰罪的名义，进行检举和处罚②。

日帝虽然不承认所谓类似宗教的民族宗教团体的集会活动，但却庇护支持自己殖民统治的时局大同团的活动。正因为这样，广大的民众有充分的理由认为普天教是亲日团体。结果，普天教的亲日行为成了广大民众脱离普天教的决定性要因。以民族精神为根基而创立起来的民族宗教，一旦遭到同一民族的背离，其势力减弱是迟早的事，普天教的命运也是如此。正当普天教的势力日益衰弱的时候，日本统治者趁机没收了普天教的财产，但此举并没有引发民众的抗议行为。这说明

---

①　请参考《朝鲜日报》1925 年 1 月 18 日，2 月 12 日，3 月 6 日，5 月 17 日。

②　请参考《东亚日报》1925 年 9 月 4 日，9 月 21 日。

已经失去民众支持的普天教，即使受到日本统治势力的任何处置，都不会得到民众的同情。

除此之外，日本统治者把民族宗教定性为邪教，并特意刻画出邪教的反社会、反人伦的行为，迫使民族宗教不能在社会上立足。而且，当时的国内舆论也与日本统治者的宣传逻辑如出一辙，足见日本统治当局的计划制定得非常周密和细致。日本统治时期发生的"白白教事件"，作为韩半岛邪教的代名词，一直流传到现在。日本统治集团以奸淫、杀人等罪名，把白白教定性为邪教而加以处置，但白白教的实体及具体内容却无人知道。目睹了白白教的前车之鉴，大部分民族宗教领袖们开始担心已被划入邪教，自己的组织也会重蹈白白教之覆辙。日本统治势力就是利用白白教这样的先例，非常有效地统制民族宗教团体的。

正因为日本统治势力动用各种手段来镇压民族宗教活动，所以很多民族宗教不得不走上神秘主义仪礼集团的道路，或者只能组织一些秘密集会，有的干脆形成秘密组织而转入地下活动。转换成神秘主义仪礼化的宗教之代表是甑山教系的教派。他们经常组织神秘仪礼或秘密集会，以此来遮掩日本统治者的耳目，达到保护组织、维持活动的目的。通过这种方式，虽然较完整地保存了神秘主义的宗教教理和仪礼，但是与其他开放化的宗教团体相比较，在吸收新生力量、扩大社会影响力方面，存在着明显的局限性。正因为本身具有局限性，因此，在步入现代社会以后，其适应能力跟不上时代发展的节奏，不能进一步壮大为规模较大的宗教团体。

在社会上诸如天道教那样的较开放且有一定影响力的宗教，受到日本统治势力的压力和诱导，其宗教团体衍化为教化民众的组织和社会改革运动团体，其活动也成为了社会运动乃至启蒙运动。因此，失去了作为宗教团体所具有的灵性的权威、教理的特征，进而丧失了作为宗教存在的名分。就大倧教的情况来看，很早以前已经把总部迁移到伪满洲，致力于民族独立运动。但是，日本的势力延伸到伪满洲以后，其活动受到来自亲日组织和团体的威胁和干扰，受到日本军队的武力管制。这样，大倧教的活动濒于销声匿迹的地步。由于大倧教一开始就专注于民族独立运动，没有建立较为完整的教理体系。因此，解放以后，暴露出了承担起作为宗教的社会责任的准备不足等局限性。

　　总之，受到日本统治势力镇压的民族宗教都留有不同程度的后遗症，并带着这些后遗症走到了今天。我们可以把这些宗教分类为转入地下而变成秘密组织化的宗教、被日帝完全取缔的宗教、丧失其宗教职能或教势萎缩的宗教等。但不管属于哪一类宗教组织或团体，都是日本统治势力的受害者，这一点是不可否认的。

Ⅱ. 日帝强占时期的民族宗教运动

　　如上所述，日本帝国主义对民族宗教所采取的持续性镇压手段是多种多样的。除了动用法规、制度、警察等国家机器以外，还采取了一系列政策和策略，甚至有时候还利用社会上的各种势力。日本统治势力针对民族宗教所制定的政策和法规，在不同的时代所起到的作用和所产生的影响是不同的。他们对不同的宗教团体也曾采用过不同的政策。因此，各个宗教团体在遭受日本统治势力的迫害程度及内容方面有所类似，但也有不同。

同时，各个宗教团体对日帝的镇压所采取的对应策略也是不同的。民族宗教在日本统治时期进行的宗教活动，既有像天道教那样早期开展一些民族独立运动，后来向文化运动或社会启蒙运动转变的，也有像普天教那样，为了避开日本统治势力的镇压，进行纯粹神秘主义活动的；既有大倧教那样始终坚持开展反日独立运动的，又有像圆佛教那样，通过经济自立实现其追求民族自主性的宗教团体。下面我们要考察一下上述不同类型的宗教团体在日本统治时代是如何开展宗教运动的。

1. 天道教与"3.1 万岁运动"

1860 年，庆州人士水云崔济愚，据说是在龙潭井听到了上天的声音，完成了宗教体验，创立了新的宗教——东学。东学是对应于当时社会中引起极大反响的西学（天主教）而创建的。

朝鲜王朝末期是韩半岛受到来自日本和欧洲各国要求开放门户的压力、西欧的思想和文物络绎不绝地传入朝鲜的时代。在这样动荡不安的时局下，民众却冷淡了维系朝鲜封建统治的儒教。而佛教经历了把儒教上升为国家统治理念的朝鲜封建时期，沦落到几乎丧失其宗教自主权的处境。在这种社会历史背景下，从外部传入到韩半岛的天主教和西学，迅速地在渴望灵魂解救的民众社会中传播开来。面对这种社会混乱局面，崔济愚意识到，匡扶时局的唯一方法就是重建民族的主体意识和道德意识。

为此，水云云游四海拜师寻道，但都没能如愿以偿。水云便开始修行求道。1860 年 4 月 5 日，他终于感受到了能够听取上天之声的宗教体验，得到了上天的启示。他为了施展自己在宗教体验中所悟出来的道，积极倡导东学。这一时期水云所主张的是"混乱的先天时代已去，后天的新时代即将到来"的所谓的后天开辟思想。根据崔济愚的主张，当时代的政局不稳定、社会的不安定以及人生的许多磨难，都是依照天道的自然流转，是先天时代结束而后天时代开辟的时期所必然出现的征兆。接着崔济愚还宣扬说，不久的将来还会出现怪疾等多种祸害，而自己从上天得到的启示就是开辟后天地上天国的无极大道，只有通过无极大道才能从深重的灾难中解救苍生。

水云发起东学运动开始传道。消息一传开，许多人纷纷前来听取水云的讲解。而当局则以扰乱社会为由开始镇压东学运动。水云为了暂时避难，在全罗道待了一年左右。水云回到庆州，重新开始传教活动。人们又踊跃前来聆听教诲。前来听取水云教导的人群当中，虽然也有部分两班阶层，但大多数人都是社会下层百姓。下层百姓们一开始是为了用咒术治疗疾病，但通过水云的讲解开始渐渐理解并接受东学的教理。所以，当局重新要逮捕水云的时候，那些弟子们强烈主张其无罪，并要求释放水云。在弟子们的强烈要求下，当局不得不释放水云。

尽管当局一再对东学采取严厉的措施，但是东学的气势不但没有萎缩，反而更加扩张。特别是崔济愚制定接主制度以后，其传播活动也变得更加组织化。最终，当局认定东学是异端学说、惑世诬民的左道乱正，逮捕了教主崔济愚并判处死刑。水云被当局处决之后，弟子们也纷纷离去。继水云之后接任第二代教主的崔时亨全力以赴，广招弟子，重建东学。崔时亨不顾自身被当局通缉的艰难处境，发展了数万名教徒，为把东学发展成为全国性的组织做出了重大贡献。

崔时亨还以东学的教势为基础，替教主喊冤，并开展了教主申冤运动。这场申冤运动逐步发展成为抗击当时企图侵占朝鲜半岛的外来势力的运动，进而发展成后来的东学革命。1894
年在全罗道的古阜，因不满于古阜郡守赵秉甲的掠夺和虐政，
在东学接主全琫准的指挥下，数千名农民军袭击了古阜官衙。
这一事件成为了东学革命的导火索。东学革命一开始只是反对
官吏的暴政，后来则举起了反封建、反外势、除暴救民的旗
帜。遗憾的是，东学革命给日本提供了侵占韩半岛的借口。当
知道了日军的侵略事实以后，崔时亨向全国的东学徒发出了总
动员令，号召东学徒与日军决一死战。虽然从全国各地集结东
学军达数十万，但仍然抵挡不住日军强大的火力，最终以失败
告终。全琫准等东学的领导人均被处以死刑，教主崔时亨也于
1898 年被捕殉教。

　　之后，以第三代教主孙秉熙为中心，又开始集结了一批东
学徒。到了 1900 年代初开始重新组建教团的机构。1901 年，
秘密到日本的孙秉熙与国内的李勇九等保持联系，开展了在海
外的传教活动。在日本停留期间，孙秉熙观察了世界局势以及
韩半岛周边列强的动向。据此，他认为依靠民众开展新文化运
动，这才是救国救民的道路。作为新的改革运动的一个环节，
他向教徒们下达了断发令。另一方面，他又组织了名为"大同
会"的民会，积极开展了改革运动。后来，大同会更名为中心
会，接着再次更名为进步会。

　　1905 年末，孙秉熙欲将东学更名为天道教（又名大告天
下），重新整顿教团。但是李勇九把进步会与一进会纠合在一
起，进行亲日活动，并发表声明支持日本帝国主义的保护条
约。为此，很多人都把天道教看做是亲日卖国团体而加以谴
责。同时，因为李勇九的声明也违背了辅国安民的东学的根本
精神，故在天道教内部也引发了争议。因此，孙秉熙开除了包
括李勇九在内的 60 多名一进会会员。被天道教除名的李勇九，

以追随自己的教徒为中心，成立了"天道教友同志俱乐部"。接着，于 1906 年又创立了名曰"侍天教"的新的东学教团，导致了东学教团的分裂。侍天教在 1911 年李勇九去世之后，因金渊国与宋秉俊发生分歧，又新创立了"济世教"。济世教于 1920 年更名为上帝教。这样，天道教实际上分裂为三个教团。天道教分裂的主要根源，在于日本帝国主义主使下的分裂政策。

1910 年，随着韩日合并，日本帝国主义的殖民统治正式拉开帷幕，同时加快了对民族宗教的镇压。1911 年日本统治势力责令天道教取缔其财政的主要来源——诚米制。废黜诚米制意味着从根本上搞垮教团的财政，这对教团财政乃至整个天道教的生存来说，确实是一个非常深刻的问题。但是天道教团通过募捐或自发性的捐款捐物活动，勉强渡过了教团的财政危机①。日本统治当局如此干涉教团内部事务的主要原因在于他们所扶持的侍天教日益衰退，而天道教的势力越来越强大。日本统治当局惧怕的正是这一点。据统计，1911 年当时的天道教徒的人数达到了 300 万人②。

天道教受到的最大的迫害，源于"3·1 运动"的爆发。日韩合并以后，在孙秉熙的组织和领导下，天道教正紧锣密鼓地进行争取民族独立的准备。作为准备工作的硕果而出现的就是"3·1 运动"。事实上，在"3·1 运动"的整个过程中，作为核心力量的天道教自始至终起了主导作用。孙秉熙命教徒们自 1919 年 1 月 5 日起进行为期 49 天的特别祈祷，对教徒们进行精神武装。他事先准备了"3·1 运动"所需资金，还劝说

---

① 请参看《义岩孙秉熙先生传记》，第 257—268 页。
② 同上书，第 59 页。

佛教和基督教的代表也参与将要在独立宣言书上签名的 33 名民族代表之中，当时，在独立宣言书上签名的 33 人当中，15 名是天道教徒。

在"3·1 运动"爆发当时，京畿道水源的第岩监理教会的 22 名教徒被日本军警杀害，牺牲者当中有 15 名是天道教徒。而且，这次运动所使用的所有经费都是天道教来支付的。这样，天道教主导的"3·1 运动"不仅给所有国民输入了民族主体意识，而且是向全世界展示了民族的力量和民族意识的大义举。为此，包括孙秉熙在内的天道教的主要干部们大部分被捕入狱，中央总府下属全国各地的教堂被查封。天道教也留下深重的后遗症。

因"3·1 运动"的缘故，1922 年孙秉熙殉教，天道教再次发生分裂。朴仁浩的教主职位的继承问题，引发了旧派和新派之间的对立。新派的吴志永离开天道教，自行创立了"天道教联合会"，与吴永倡主导的"教会大合"派相分离。加上崔麟的"中央综理院"和李宗麟的"统一起声会"，天道教分成了 4 个派别。吴永倡与李宗麟妥协，出现过短暂的合并现象，但终究还是分裂为新派、旧派、联合派、侍理院派等 4 派。

这样，随着天道教的内部分裂加剧，在日本统治当局的操纵下，又出现了一批青林教、济愚教、三生无极教等东学系的新宗教团体，因而天道教的势力日益衰弱。为了争夺信徒而展开的争斗中，原有信徒的离去和被除名，促使天道教的处境更加恶化。在这种情况下，以崔麟为首的新派公然承认日本的殖民统治，开展了主张朝鲜自治权的自治运动。崔麟是曾在孙秉熙手下一直主管"3·1 运动"的务实者。就是这样一个"3·1 运动"的主将，却在日本统治者的威胁和逼迫下，选择了转向，放弃了自己的信念。结果，崔麟认为，从现实角度来看，朝鲜摆脱日本人的统治、实现完全独立是一件很难的事情。因此，在接受日本殖民统治的同时，为了民族的未来应开展文化及社会革新运动。崔麟的这一主张实际上意味着要放弃朝鲜的完全独立，因而受到了多数民族主义人士的强烈谴责。光复之后，崔麟作为"亲日叛逆者"受到了审判。

"3·1运动"之后，天道教因日帝的镇压和教团的分裂等缘故，虽遭受了磨难，但以年轻教徒为中心摸索出了新的运动方向。进而他们改变了以往的斗争方式，转向农民运动、妇女运动、文化运动、启蒙运动等革新运动。年轻教徒们的这种转向，是因为他们多少受到了崔麟所开展的自治运动影响的缘故。

但是，天道教即使把运动的方向转移到了社会文化运动，但是这非但没能阻止日本统治势力对天道教的压制，反而受到了更加严厉的干涉和压制。特别是1931年"满洲事变"以后，日本帝国主义对民族运动的镇压更加残酷，无论是社会主义者还是民族主义者，甚至那些已经表示妥协的人士，也都成了监视和镇压的对象。日本统治者对开展自治运动的天道教新派也采取了镇压措施，其代表性事件就是"吾心党"事件。

1938年，天道教旧派的领导人向信徒们下达了秘密指令——早晚背诵以"消灭日本人"为内容的《安心歌》祈祷文。这就是所谓的"灭倭祈祷"事件。以这一事件为契机，日本帝国主义者以煽动独立思想的罪名，逮捕和拘留了旧派的领导人。这一事件直接表明了当时民众的心态。也就是说，民族宗教界人士们与其他亲日知识分子不同，他们反对日本的殖民统治，期盼着日本帝国主义早日灭亡。

东学是韩国民族宗教的出发点。这不仅仅是因为它所产生的时间较早，而且是因为东学之后产生的很多民族宗教大部分都受到了东学之影响的缘故。特别是大部分民族宗教所标榜的韩民族为中心的后天开辟思想，其根源可以追溯到东学思想。天道教主导的"3·1独立运动"，也是贯穿了后天开辟、辅国安民这一天道教理念的民族运动。"3·1运动"是一场抵制外来侵略、实现民众自治的东学革命，同时，又是为了使自己的国家更富强、积极进行改革和开展新文化运动、追求民族的自主独立的一场革命。"3·1运动"虽然是以天道教为主轴开展的，但却是全民族成员共同参与的民族运动，是以民族的名义超越了不同的宗派而进行的独立运动，是人类历史上前所未有的事件。

2. 月谷车京石的天子登基运动和普天教运动的民族史意义

1871年，出生于全罗道古阜的甑山姜一淳亲眼目睹了东学的失败。甑山认为，现有宗教都有其局限性，特别是亲眼目睹东学运动始末的他认为东学这种宗教运动方式有其错误之处。他认为要想摆脱当下混乱局面，不能用东学或现有的宗教的方式来实现，只有依赖于靠神明之力量的道术才有可能。因此，甑山在研究现有宗教的教理、阴阳、风水、占卜、医术等基础上，又学习能随心所欲地呼唤风雨的道术和能贯通世间万事的道统。而且，他还周游全国各地拜见道通之士。

经过几年的流浪生活而积累了丰富知识的甑山，于1900年回到了家乡，又重新开始了道通修炼。1901年，在母岳山的大愿寺进行修道时，终于悟出了道。但一开始的时候没有人追随他。到了次年，金亨烈听到有关甑山的传说，把甑山邀请到自己的家。这样，甑山以金亨烈的家为根据地开始传教。甑山与水云一样，也是以"后天开辟"思想为中心而展开其教理的，但其方法有别于东学的直接参与。甑山觉得，直接参与社会现实而开展的宗教运动只能加重民众的不安和社会的混乱，而且其成功的可能性也极低。1901 年悟道的甑山在看透这些问题之后，所进行的宗教运动就是名曰"天地公事"的神秘的灵性运动。甑山所倡导的这种神秘主义运动，为以后的甑山教系的教团的运动方向指明了基本方向。

由于人们开始拥戴甑山，都在聆听他的教诲，因此，统治当局也开始关注甑山及其追随者。1907 年，约有 20 余名信徒集结在古阜举行宗教集会。当局认定这是蓄谋义兵的集会，拘捕了甑山和他的信徒们。事后，甑山继续成为当局的监视对象，他的传教活动也受到极大的限制。1909 年，厉行天地公事 9 年的甑山突然去世，享年 39 岁。甑山一死，那些追随他的人们也纷纷离去。

这个时候，甑山的弟子车京石站了出来，协助甑山的夫人、自己的表亲高判礼一起传播甑山教。这是由于高夫人在甑山诞辰纪念仪式上献礼之后经历了神秘体验。自那以后，高夫人的言行变得古怪，不仅语调和甑山生前非常相似，而且其行为也和甑山一致。一时间甑山复活的消息传遍开来。甑山的众弟子和教徒重新聚在一起，像以前对待甑山一样拥戴高夫人。高夫人也自称"甑山唯一的宗统继承者"。

1914 年，以甑山为教主，以高夫人为继承甑山的教主，正式创立了甑山教团。这是甑山教派系中最初形成的宗教教团。在甑山教成立的整个过程中，车京石起到了主导性作用，继而在教团经营方面也开始行使全权。而且，他还严禁甑山的弟子和一般信徒与高夫人接触。

1916年，车京石着手建构教团组织的框架，将24名核心人物任命为24位帮主，让帮主担当教务。这样，既有了教团的雏形，又开展了积极的传教活动。一时间有许多信徒开始加入甑山教。随着信徒的增多，教势的扩大，开始出现了一些流言飞语，诸如车京石在惑世诬民、他想登基要当皇帝，等等。在这种情况下，已经多次被日本统治当局拘捕、宗教组织活动也一再受到压制的车京石也不得不逃难。在逃难的过程中，他继续传教，其信徒达到了数万名。也是在这个时期，1918年高夫人离开了甑山教，另立门户，创立了新的教团。这样，在高夫人离去的甑山教里，车京石成为名副其实的甑山教教主。

其实，车京石创立教团的动因是他自认为自己才是从甑山那里得到宗统衣钵的人。他创建教团的目的在于完成甑山教教理之核心的天地公事，即他要实现"后天世界，造化政府"的所谓的后天开辟。所谓的造化政府是指以朝鲜为宗主国、在政教两方面达到世界统一的新的政府。以前，甑山把车京石的家说成是"布教所"，信徒们都信以为这是甑山在开辟后出现的新政府里让车京石登基做天子。那些信徒们还认为，车京石的登基继位是在《郑鉴录》中早有预言。这些事情又成了吸引更多的教徒的契机[1]。

车京石逃难时也进行秘密传教，很多信徒纷纷入教。随着教势日益扩大，1919年车京石把原来的24帮主制扩编为60帮主制。车京石在扩编组织以后，把教牒和象牙印章交给了那些帮主。这一举措又让人联想到他日车京石登基当天子时，对王朝官职的任命。因此，信徒为了得到这一职牒，全力传教，甚至还将自己的全部财产上交教团。实际上，车京石本人也确

---

① 李康五：《韩国新兴宗教总览》，图书出版大兴企划，1992年，第247页。

信自己可以登基为天子。

　　1921 年 9 月，冒着日本警察戒备森严的警戒网，有千余名核心教徒集结在庆南咸阳郡黄石山上举行天祭。在这次天祭上，车京石宣布将来要建立的国家的国号为"时国"，教团名为"普化教"。据说，这次花了很多钱用来供祭。黄石山上的这次天祭，其实带有把车京石登基为天子的消息告知上天的象征意义。通过此次天祭，他既把自己的立场正当化，又向信徒们把自己登基当天子的事实变为既成事实。从此，他将会登基天子的说法普遍传开，世人称他为车天子[①]。

　　车京石登基为天子的说法传开以后，从 1919 年至 1923 年，有数百万的信徒加入该教团。车京石的登基说正好反映了当时阴暗的社会氛围。这对于"3·1 运动"遭到失败以后还没有寻找到精神突破口的广大民众而言，不能不说是个令人振奋的消息。已经找不到其他能够抵抗日帝之突破口的民众只能相信车京石的预言。他们相信以韩民族为中心的新王朝将会建立，车京石会成为王朝的天子，受日帝压迫的民众也会得到解放。所以，在短短的时间内发展了如此众多的教徒[②]。

　　但是，另一方面车京石仍然遭到日帝的通缉而四处逃难。特别是，1921 年 1 月，总督府逮捕了数千名普天教人士。同时，他们还派人与避难中的车京石取得联系，对其实施怀柔政策。很显然，日本帝国主义就是冀图拉拢车京石，把数百万信徒和普天教的资金纳入到自己的管辖之内。但他们所实施的怀柔政策告以失败。不甘心失败的日帝又诱导被监禁在京城的李

---

　　① 　金洪喆、柳炳德、梁银容：《韩国新宗教实态调查报告书》，圆光大学宗教问题研究所，1997 年，第 158 页。

　　② 　当时，普天教自称有两百万信徒，可以看出当时入教的人至少也有百万以上。参见李康五《韩国科兴宗教总览》。

祥昊，让他以普天教的教团名申请公认宗教，但是仍然没有被公认为宗教。1922年，在首尔昌新洞建筑了大教堂，挂出了"普天教"的牌子。从此，这个教团就以普天教传播开来。

到了1924年，对车京石独断式经营方式感到不满的信徒们开始离开普天教，他们开始揭发教主的不良行为，导致了教团的内讧。同时，日帝一方面加强了对普天教的监视，另一方面又拒绝把普天教公认为宗教，也没有一点儿赦免教主的迹象。感到危机的车京石开始向日帝伸出了和解之手。作为和解的成果而出现的就是前面提到的时局大同团的推出。通过组织时局大同团进行亲日活动，又上交了数目不小的资金之后，日帝才解除了对车京石的通缉令。结果，车京石和普天教作为亲日派，又受到了民众的声讨。

起初，车京石把甑山视为玉皇上帝并加以绝对化，并坚信只有甑山才能让朝鲜独立起来，会让他登基为天子。但当这些都没有兑现时，车京石开始对甑山持怀疑态度，断定自己被甑山蒙骗。1928年，他站出来告诫信徒们不要相信甑山是玉皇大帝，号召信徒们遵循孔孟的教诲。这又引起了绝对相信甑山神性的教徒们的强烈不满。随着教徒们的离去，其教势也逐渐减弱。1936年车京石死亡后，总督府下发类似宗教的解散令，取缔了教团本部。

简而言之，早期的普天教以民族独立和韩半岛会成为世界统一的中心国家等信条，给广大的民众以希望和勇气。创建普天教的车京石本身也对此深信不疑。这暗示普天教与其说是现实参与性质的团体，倒不如说是神秘主义的灵性运动。从坚信通过灵性运动可以实现国家独立这一点而言，可以说是"反映现实的神秘主义运动"。

由于朝鲜实现独立、车京石登基天子的预言没有得以呈现，被日帝通缉的车京石，终于向日本统治当局伸出了和解之手。另一方面，虽然开展神秘主义的灵性运动，但始终没有出现经历宗教体验的人。因此，作为教主的车京石开始对其信条产生怀疑，直到否定甑山。曾经给民众带来自信心的普天教，就这样屈服于日帝实施的怀柔和威胁政策。

3. 鼎山赵哲济的产业活动与天子登基运动

鼎山赵哲济于1896年1月出生在庆南咸阳。1908年，他的父亲为了帮助救国运动，建立火药厂、收集武器的行为被发觉。次年，全家人为避风迁移到了满洲，并在中国辽宁省定居。鼎山正是在这里遇到了甑山教的金赫，并从金赫处听到了有关甑山的故事和教理，开始入山修道。修道生活没过几年，即1917年正月，鼎山就通过宗教体验得道。此时鼎山年仅23岁。在经历了修道生活的宗教体验之后，他对甑山的道术和造化改善天地、改善人类的无极大道等深信不疑。

同年4月，他带领兄弟回国，在忠南安眠岛开始了宣教活动。他的第一个信徒就是李正律。那年冬天，其他留在满洲的家人也都回到了安眠岛。鼎山以安眠岛为基地开始传布甑山教，并有了早期的信徒。

1918年10月，他把传教的地点迁移到井邑，开始走访甑山教徒，研究甑山的行迹。同时，在此地开展传教活动的结果，信徒们的数量剧增。1919年寻找到甑山的母亲和其他家族成员的鼎山，为了传承甑山道统，把甑山的妹妹迎接到自己的教团。

1921年4月，赵哲济宣布创立名为"无极道"的宗教团体，开始了真正意义上的传教活动。同年9月，他找到了甑山的遗骸，并把甑山的遗骸存放在井邑的无极道道场。鼎山这样做的目的，只在于告诉人们自己通过宗教体验得到了甑山的衣钵；尽管是甑山死后，但和生前一样瞻仰他。随着信徒的增多，鼎山在井邑郡花了三年时间建筑了无极道本部泰仁道场。这次建立起来的建筑物包括三层建筑的灵台、四层建筑的兜率宫及周边的附属建筑。其建筑规模庞大，整个建筑物有 120 余房间。

建了如此庞大的本馆，制定新的宗旨和纲领，公布了信条、道规后，鼎山开始较为正规的传教活动。教势不断得到壮大。有人看到本部道场 4 层圣殿和 3 层灵台的威严之后，称鼎山是成为后天仙界开辟主人的赵天子。类似这样的天子登基运动的出现，应该说是受到了普天教车京石的天子登基说的影响。事实上，赵哲济大兴土木、建设无极道本部、重整组织的时候，也正是普天教相信车京石在甲子年（1924 年）登基、然而实际上什么事情也没发生致使普天教内部陷入混乱的时期。

车京石的预言失效的情况下，其预言自然会转向新的宗教领袖。因为赵哲济的无极道也属于甑山教派系，因此，更具说服力。

1928 年赵哲济与青壮年信徒组织了进业团，其目的就是为了教徒的生活安定，奖励产业和救济贫民。为此，其成员们在各地积极开展水利、开垦等工作。1930 年，进业团扩大了成员，派他们到满洲的牡丹江一带、咸镜道茂山等地，开始了长达两年的采伐工作。采伐结束后，又转入到了安眼岛、元山岛的开垦工作。此外，还在全州和阴城等地进行采矿，收到很大的经济效益。

期间，日帝又加大了对宗教的镇压。1936 年，日本当局颁布了《类似宗教取缔令》。因此，所有的民族宗教都面临着被取缔的局面。无极道的本部道场建筑物，也与其他教团的固定资产一样，都被日本统治当局没收了。光复以后，赵哲济在釜山建立了教团本部，把教团改名为太极道，重新开始了传教活动。

因为太极道基本上是承袭甑山教的教理而形成的教团，所以教理的根本在于甑山所揭示的天地公事。另外，把甑山封为无极主九天上帝，以此作为信仰的对象，而赵哲济则被认为会登上玉皇上帝的位置。但是赵哲济与车京石不同，他开展了一些现实性的改革运动。现实性的改革运动，也就是指赵哲济所推行的开垦事业及各种公益事业。虽然通过开垦事业，太极道并没有得到实质性的利益，但这种事业在宣传经济基础的重要性及揭示其实现的可能性方面具有重要意义。

4. 大倧教的抗日独立斗争与伪满洲地区的民族宗教运动

大倧教是罗喆创立的，是以国祖檀君为信仰对象的教团。对檀君的信仰是从古代传承下来的，虽然没有形成组织化的教团，但在民间里还是代代相传的。进入近代以后，檀君信仰成为一个宗教团体，即 1890 年平安南道的金廉白以"神教"的名义组成了宗教团体。"神教"后来与"大倧教"合并。

弘岩罗喆是全罗道人，早在 29 岁时通过科举，度过短暂的官场生涯，但后来放弃事业开展了争取独立和东洋和平运动。但是他认识到运动的局限性，树立了以檀君的信仰为基础拯救国家的目标，把教团名称改为了大倧教。

　　大倧教一开始就具有追求民族独立的强烈的民族自尊意识。重光之后的大倧教供奉檀君像，制定开天节，使用檀纪年号。因此，日帝认定大倧教是搞抗日救国运动的秘密结社组织并对其进行残酷的镇压。由于日本统治势力的镇压，在国内很难开展活动的情况下，大倧教于1914年5月把总部迁到了满洲。

　　尽管大倧教把本部迁移到了满洲，但仍然遭受压制。1914年11月迫于日帝的压力，中国政府对大倧教下达了解散令。所以，迁移后的大倧教其处境还是十分艰难。1915年根据国内公布的布教规则，大倧教与类似宗教相区别。类似宗教只有受到朝鲜总督的许可才能从事宗教活动。1915年，罗喆向总督府提出有关宗教活动的申请，但总督府以大倧教不是神教为理由而予以拒绝。对于总督府来说，大倧教是独立活动的民间团体，所以只是监视的对象而已。

　　迁移后的大倧教通过民族教育鼓舞了独立意识，尽力培养独立人才。可以说大倧教把宗教与教育二者结合在一起，展开了彻底的抗日独立运动。大倧教建立了许多学校，结成了武装抗日团体。大倧教教徒在民族运动中发挥了核心作用，从这个意义上可以说，大倧教教徒就是抗日爱国人士。1918年发表了39名大倧教教徒签名的戊午独立宣言。同时组织重光团的秘密结社体，徐一任团长。徐一给团员灌输大倧教教理和抗日民族意识，还为开展武装斗争讲军事学。

　　1919年徐一与曹成焕、金奎植、郑信、金佐镇、李范奭等人进行协商，与临时政府取得联系之后，成为了北路军的总裁。他以大倧教教徒为中心组建军队，靠信徒们的捐款来充当军费。这样，进行了近一年多的军事训练时，中国军队要求独立军离开吉林省。这也是中国政府考虑到与日本的关系而做出的决定。因此，独立军根据中国军队的要求把根据地转移到长白山麓。当独立军到达和龙县青山里附近时，察觉到日本军队在后面追击，马上把部队埋伏起来与日军展开战斗。这次战斗中，独立军伤亡不过几十人，但日军一个连队全军覆没。

但是，这样的武装斗争也因1921年6月发生的自由事变而使大韩独立军团被解散，8月又惨遭马贼的袭击许多独立军人牺牲而瓦解。悲伤至极的徐一于8月27日自杀。因一系列事件而劳心过度的金教献也于1923年在宁安逝去。从1924年开始，尹世复担任第三代大倧教教主。

1925年，日帝以逮捕韩国独立运动家和独立军为目的，与中国东北的军阀签署三方协约。根据这个协定，1926年在伪满洲公布了对大倧教的传教禁止令，并且为了不给日本提供侵略的把柄，中国当局继续监视韩人。虽然在大倧教领导者与中国政府反复协商下，中国政府于1929年解除了传教禁止令，但不顾协商结果，为了拿到日本军队的悬赏，中国东北军阀杀害了许多大倧教教徒和独立运动家。所以，大倧教的教团组织和宣教活动一度大大萎缩。

1931年满洲事变发生以后，大倧教在伪满的活动被日帝禁止。1937年因中日战争爆发，大倧教实际上失去了立足之地，因此，在满洲的独立运动和宗教活动不得不转入地下，以更加隐蔽的方式进行。但即便如此，1942年发生的壬午事变又使得大倧教受到重创。

由此可见，大倧教比其他任何一个民族宗教团体更加持续地开展了抗日斗争。大倧教是在日本殖民统治初期就为了避开日帝的镇压而转移到满洲的，并以满洲为中心继续开展反日斗争。日本帝国主义则为了对付大倧教，或者利用中国当局进行统治，或者动用日本军力进行直接讨伐。他们还利用亲日组织采用离间战术。考虑到日帝的压迫和干涉，大倧教不得不把行政总部从和龙、宁安、密山等地不断地转移。中国当局也迫于日帝的压力，接受日帝的要求，不停地对大倧教发布解散令，命其撤回。日军的直接威胁、当时中国国内的混乱情况、地方军阀的威胁和掠夺等都成了阻碍大倧教发展的要因。在这个过程中，包括大倧教人在内的许多同胞被日军杀害。

一方面，1914 年大倧教把总部转移到满州时，罗喆、吴基镐、金教献等人没有去满洲①，而是继续留在国内，对大倧教教民和独立运动势力进行说服工作，动员他们到满洲去。但是，在国内大倧教已成为非法团体，日本统治者对大倧教的镇压也不断加深。于是，罗喆于 1916 年离开汉城，8 月 15 日在黄海道九月山三圣祠自杀。根据罗喆的遗嘱，金教献成为第二代教主，并于 1917 年到满洲的总部去就任。由此，拉开了大倧教满州时代的序幕。

金教献在任时期，大倧教一方面致力于教理研究与教书、教团史的编撰，另一方面又不时地转移大倧教总部，趁机在各地进行传教活动。结果，到 1923 年总共设立了 46 所施教团②。其中，伪满洲地区设立了 34 所，韩国地区有 6 所，老岭地区设立 3 所，中国本土 3 所。

这样，大倧教通过对教理、教团史进行研究和编撰、扩大施教堂，鼓吹抗日独立意识，确立了抗日独立运动的根据地。大倧教在满洲开展的所有这些活动，为后来的武装独立运动奠定了精神上、物质上的基础。

---

① 朴永锡：《大倧教的民族意识与抗日民族独立运动（下）》，《韩国学报》，第 32 集，1983 年秋，第 93 页。

② 同上书，第 96—97 页。

1931 年，日本帝国主义策划和实施满洲事变，使中国的东北地区置于日帝的铁蹄之下。满洲地区建立日本傀儡的伪满洲国以后，大倧教第三代教主尹世复与关东军、朝鲜总督府、驻哈尔滨日本总领事馆进行反复磋商，终于使大倧教得到公认。但是，大倧教为了维持教团，想方设法争取得到日帝的公认，而这种努力的结果，虽然争取到了日帝的公认，但导致了抹杀大倧教教团的组织和传教活动的意想不到的结局。日帝通过宗教"公认"的政策掌握了在中国东北的大倧教实体之后，于 1942 年发动了壬午教变。日帝认定大倧教是"信奉始祖檀君的抗日团体"，逮捕了包括教主尹世复在内的 20 多名大倧教干部，并对他们进行了严刑拷问。教主尹世复被判处无期徒刑，其他大倧教干部分别判处 5 年至 15 年徒刑，十几人惨遭杀害。这次事变证明，日帝公认大倧教的做法，实质上只不过是为了掌握大倧教的实体、进而对其一网打尽的伪装策略。经历了这次惨变之后，直到"8·15 光复"，大倧教基本处于瘫痪状态，教团的宗教活动和独立运动大部分都转入地下。

正如大倧教创始人的履历所显现的一样，大倧教与其他民族宗教团体的出现有所不同，它是以恢复国家主权为目的而重光的宗教组织。罗喆认为，要抵制日帝的侵略，维护国家的主权，唯韩民族团结才能实现，进而重光了韩民族历史传统中绵绵流传的檀君信仰，并以国祖檀君为信仰对象开展了国权恢复运动。为此，大倧教鼓吹民族意识和抗日意识，为恢复国权重建教理。特别是与以下层民众为主干的其他民族宗教相比，大倧教则是以前职官僚、两班、儒学者、抗日志士等上层知识阶层为中心而组织起来的。从这一点上，我们也可以看出大倧教理念的基本特征。

5. 圆佛教的储蓄运动及民族自立运动

圆佛教是少太山朴重彬于 1916 年 4 月 28 日大觉之后所创建的民族宗教团体。少太山 1891 年出生于全罗南道灵光。他从小对宇宙万物和人事充满疑问，为此，他拜师求道，其间也接触到了甑山的教理，但都不能完全解开他心中的疑问。因此，在 20 多岁时独自进行修道，终于在 26 岁那年（1916 年）3 月获得大觉。

少太山打出了"物质开辟、精神开辟"的创教宣言。这是因为，他认为当今社会物质文明发生了变化，但理应主导其物质文明的精神性道德文明反而退化，所以，他主张要全力投身于精神之道的改造。他认为，宗教应该是能够同时改造物质和精神的、与生活相结合的宗教，理应是灵肉双全的宗教。作为其中的一个环节，也为了筹集教团的资金，他独自开垦家乡海边的干湿地并获得了成功。从某种意义上，它预示了今后圆佛教发展的方向。

圆佛教在创立伊始，就沿着积蓄精神的和经济的力量的方向展开，同时，为了维系教团，选择了回避与日帝发生直接摩擦的道路[①]。少太山为了积蓄民族的精神力量和经济力量，积极开展宗教活动。其活动的主要内容有储蓄组合运动、开垦开拓运动和教育事业。

1916 年 12 月，少太山从自己的随从中挑选了 8 名徒弟，

---

① 日本治下的圆佛教根据日帝的皇国佛教化要求，把四要中的天地恩改为皇恩，四大纲领中的无我奉公改为尽忠报国。并想通过这种方法尽量避开与日帝的摩擦。柳炳德、金洪喆："圆佛教"，《韩国宗教思想》，太学堂，1984 年，第327 页。

组建了以自己为中心的名为"十人一团"①的第一个教团组织。1917 年 8 月，少太山同 8 名弟子创立了储蓄组合。他看到弟子们仍然抱有用神通妙术来改变现实的心态之后，就开导弟子们，要他们尽快丢掉不劳而获的心态，树立通过现实付出的汗水来获取幸福的健康思想观念。少太山展望到，要想实现后天开辟世界，就必须有自主的经济生活基础②。

少太山倡导的储蓄组合运动的主要方法是，所有成员戒酒戒烟，将节省下来的钱储存起来；节省日常开销，增加储蓄；减少节庆假日，储存特殊劳动收入；夫人们要贮存报恩米；废除天祭，由此节省下来的费用要储存。少太山用这样攒下来的钱加上自己的资产以及从别人那里变通来的钱购入了大量木炭。而过了七八个月后，木炭的价格暴涨，从而积累了储蓄组合的原始资金③。

通过储蓄运动贮备资金之后，少太山于 1918 年向组合成员们提出了要开垦家乡海边干湿地的建议。他们在同年 4 月 4 日动工之后，经一年的努力，终于开垦出近两万六千平方米的农田。这样，基本打下了创建圆佛教教团的经济基础。少太山将这个农场起名为"贞观坪"④。

少太山进行储蓄运动和垦拓事业的动因，是源于以经济自立为基础、打破贫穷的社会经济状况的初衷。特别是在资本和

---

①　如果一个团长指导九位，以此推广的话，意味着一位指导者可能会指导天下万民的意思。李康五，同上书，第 1004 页。一共有九个弟子，最后的弟子是 1918 年 3 月上了教坛的宋道君（鼎山宋奎）。金铎：《甑山教学》，未来乡文化，1992 年，第 359 页。

②　金镇秀：《对韩国民族宗教后天开辟思想的比较研究》，首尔大学文学硕士学位论文，1994 年，第 67 页。

③　"圆佛教教史"，《圆佛教全书》，第 1299—1300 页。

④　《佛法研究会创建史》，圆佛教出版社 1973 年版，第 30 页。

劳动力供应不及的状况下，以穷人为中心完成此项工程。可以说，这是在暗淡的时代背景下，要实现经济自立的人们的热望与作为其后盾的宗教教诲联袂作出的杰作。

1920年，少太山带领几名弟子到富安郡卞山度过了五年的祈祷、修道、研究教理的生活。也正是在这个时候，少太山觉悟到，该教团应成为佛法与生活融为一体的活生生的佛教，成为儒佛仙融合的佛教。于是，1924年少太山在全北益山郡北一面设立了教团总部，以"佛法研究会"的名义正式宣告教团的成立。从此，少太山致力于教理的系统化，使圆佛教的传教活动更加活跃起来。

从那以后，少太山与弟子们一起开垦荒地，奖励园艺、蔬菜、养蚕、养猪、养鸡、栽培药材等产业，同时给弟子们讲解以宗教理念为基础的道德和伦理，强化其精神训练。虽然日帝对宗教的镇压也波及了少太山的教团，但由于正式挂的牌子是"佛法研究会"，因此，教团打着研究佛法的名义勉强维持了下来。

1943年，少太山把自己的教诲全部收集成书，完成了圆佛教的基本经典《佛教正典》。鼎山宋奎（1900—1962）接任始祖少太山成为宗法师后的第三年，迎来了朝鲜的光复。光复之后，把之前一直使用的"佛法研究会"这一教团名称改为"圆佛教"，并且为了发展和壮大教团，更加有效地管理和经营教团，又提出了"教育、慈善、教化"三大实践目标。

由此可见，少太山并不是一个神秘主义者，也没有过分地拘泥于现实政治开展反日斗争。他作为现实主义的宗教活动家，继承了始于水云的后天开辟思想，并从日本强占这一现实出发，为改变现状表现出了功利化的后天开辟之理想。换句话来说，少太山为了民族的独立，既没有开展天道教、大倧教那样的独立运动，也没有参与这些运动。不仅如此，他也没有向渴望民族独立和后天开辟的民众揭示出神秘化的灵性希望。他只是强调，改善民众的生活，实现经济自立，通过这一实践，努力实现道德改造，并坚信真正的开辟即将到来。

少太山为了维系教团的生存，打出了切合现实的"佛法研究会"的牌子，这样，避免了和其他民族宗教那样的被解体的命运。同时，少太山尽可能回避诸如独立运动、民族运动、韩民族中心思想等能够刺激日帝的行为，最大限度地减少了与日帝的摩擦。在此基础上，少太山教导人们要以科学的、合理的方式去追求幸福。他本人也把这种生活理念积极贯彻到现实实践中去，始终戒备过分的参与现实和过度的神秘主义的主张。

Ⅲ. 日帝对民族宗教的镇压 及民族宗教的回应

日帝从干涉朝鲜内政之初开始，就对宗教特别是对民族宗教实施了持续性的镇压政策。日帝对民族宗教的镇压，不是出于宗教必须顺应日帝政策的单纯的逻辑，而是将民族宗教定为类似宗教，最终要达到解散其教团的目的。日帝对民族宗教的镇压，一方面是通过法律和规则来实施，另一方面还通过有预谋的分裂瓦解的方式来进行。他们甚至采用了威胁和恐吓的手段，胁迫教团与他们合作。结果，水云教被强制性地隶属于日本真宗，改称为兴隆寺。许多水云教徒因不满日帝的做法，自发组织起来开展反日运动，但遭到了日帝残酷的镇压，很多教徒被处以极刑，殉教者不计其数。简言之，日帝对韩国民族宗教采用多种手段，开展系统的镇压活动，其残酷程度无法用言语形容。日帝对民族宗教的这种多样化的、系统化的镇压政策，从天道教、普天教和大倧教的事例中随处可见。

第一，日帝公开暴露出侵占朝鲜半岛之野心的1904年，发生了李勇九、宋秉俊为首推行的把进步会与日进会相合并的事态。受此牵连，天道教蒙上亲日团体的罪名，受到舆论的攻击。无奈之下，天道教教主孙秉熙开除了李勇九、宋秉俊等亲日分子，更加积极投身于民族独立运动，由此才得以洗清亲日的污名。

1916年韩日合并后，日帝曾企图要废除天道教的诚米制。究其原因，主要是因为受他们保护的侍天教势力在衰退，而天道教继续呈现出发展的趋势。因此，日帝企图以废除诚米制来切断天道教的财政来源，由此来遏制天道教的发展势头。虽然依照日帝的要求废除了诚米制，但天道教借助于信徒们的献纳得以渡过危机。可以说，这是在日帝强压面前，教徒们团结一心、共同抗击日帝的结果。

天道教所开展的民族独立运动，又直接表现于1919年的"3·1运动"。声势浩大的"3·1运动"在日帝无情的镇压下最终告以失败，天道教也受到重创。教主孙秉熙遇害，教堂被查封，教团活动严重受阻。1920年，孙秉熙去世之后，天道教再次走上分裂之路，成员分道扬镳。在日帝的挑拨离间下，天道教被分裂为四派，还出现了标榜东学的新宗教。

由于其内部分化的加深，天道教的运动方向也从民族运动转向文化运动。虽然开展了诸如农民运动、女性运动等社会改革运动和启蒙运动，但是日帝丝毫没有放松对天道教的镇压。1926年，发生了高丽革命党事件。受此牵连，核心干部全部被捕。日帝支配伪满洲的1934年，又受"吾心党"事件的影响，200多名天道教青年党干部被捕。

第二，1910 年代，通过自称是姜甑山继任者的车京石的努力，普天教的教势开始逐渐扩大。因为普天教采取诸如 24 帮主制这样的组织体系，其教势也不断壮大，因此，日帝把普天教运动看做是政治运动，开始对其监视。此时，普天教内部盛传着车京石在即将开辟的后天世界里登基做天子的预言，出现了所谓的天子登基运动。日帝认为车京石要"独立朝鲜，自做皇帝"，开始对车京石进行全面的检举和调查。为了躲避日本军警的监视，车京石开始了逃难生活。因为普天教的扩张势头丝毫没有停顿的迹象，日帝就把普天教指定为不可饶恕的非法团体。特别是在"3·1 运动"失败后的三四年间，普天教的教势得到了迅猛发展，普天教成了甑山教派系中拥有最大势力和影响力的教团。

另外，丧失国家主权且深受日帝压迫和掠夺的劳苦民众，都渴望着新时代的到来。同时，又因"3·1 运动"的失败，人们普遍陷于一种用现实的手段无法实现自主独立的挫折感。正是在这样的社会氛围下，车京石的神秘主义的启示理所当然地对那些失意的民众具有强烈的感召力。广大民众纷纷加入到车京石的"新王朝运动"。比起天道教主导的"3·1 运动"，车京石的神秘主义的启示更具感召力，更符合民众的愿望和要求。正是民众的这种愿望，推动了普天教势力的发展和壮大。

实际上，1921 年 10 月在普天教教团干部家里发现了很多钱款，被证实是独立军资金之嫌①。这说明，当时加入普天教的人们对独立运动的理解，往往与对车京石的信任相关联。

但是，普天教的成长不仅仅有赖于车京石开展的神秘主义

---

① 据《东亚日报》1921 年 10 月 29 日报道，在普天教教坛干部金烘奎家收藏了旨在与上海临时政府取得联系，准备搞独立运动的资金 10 余万元。

运动。日帝虽然在表面上和对待其他民族宗教那样，对普天教也实行了高压政策，但在背后又非常隐蔽地采取关照的政策。在教势得到迅猛发展的时候，如果它内含着某种危险性，那么日帝绝对不会袖手旁观。可以说，普天教的发展势头，与日帝的暗中保护和默认有相当大的关联。若真的检举车京石的话，在黄石山祭天时，事先得到情报的日本军警们决不会错失良机的。日本军警放走车京石的结果，反过来进一步增加了车京石的神秘感。还有，朝鲜总督对大兴里普天教本部的访问①，也足以说明总督府与普天教的关系。

日帝之所以这样对待普天教，就是放任巨大的资金都涌入普天教，然后在某一瞬间没收其全部资产。另外，和其他民族宗教团体相比较，普天教并没有积极投身于民族运动。这也是减弱日本军警的戒备的原因之一。

但是，我们不能就此认定日帝对普天教采取的是一种稳健的政策。日帝也曾对普天教进行过大规模检举，指定普天教为主要监视对象。可是，普天教的瓦解是从时局大同团的结成开始的。由于日帝对普天教进一步实施压迫和怀柔政策，迫使车京石派使节去日本，希望以此表明普天教的宗旨，从而得到日帝对其宗教活动的保障。对此，日帝则引诱普天教以宗教团体的名义进行登记。这主要是日帝担心颇具影响力的普天教走向地下化。在这一系列过程中，普天教的实体被日帝所掌握，而普天教则为了表明自己并不反对日帝的统治，组织了时局大同团，开始了亲日活动。广大民众一开始都是通过普天教的启示祷告日帝的灭亡的。如果站在这样的民众的立场上看，普天教

①　李英浩：《普天教沿革史》上，普天教中央协政院总政院，1935 年记，1945 年发行，第 69—71 页。

的亲日行径是一种背叛行为。因此，民众对普天教的行为反应
强烈，措辞严厉。普天教的教势也因此开始走下坡路。

第三，韩日合并初期，日帝认定大倧教是非法抗日团体，
严禁大倧教的传教活动。为此，大倧教把总部迁移到中国东
北，在那里继续开展民族独立运动。虽然取得了青山里大捷等
成果，但由于日帝的持续不断的镇压和破坏，其组织大大萎
缩，教势也大大削弱。特别是上海临时政府开始主导独立运动
之后，大倧教的独立运动实际上被上海临时政府所替代。这也
是促使大倧教开始走下坡路的原因之一。因大倧教活动本身就
是以独立运动为中心开展的，因此，独立运动的衰退必然会导
致其宗教活动的社会影响力的减弱。

综上所述，民族宗教为应对殖民统治时期的复杂的社会状
况，各自展开了多样的活动。从宏观上看，这些时代的对应是
除了民族宗教之外，其他任何一种社会势力都无法做到的。因
此，每个民族宗教都在各自不同位置上走过了艰难的时代历
程。之所以能够克服这些磨难，只是因为民族宗教以各自不同
的方式表达了后天开辟和民族独立之理念的缘故。特别是在黑
暗的年代里，如果没有给生长于这片土地上的民众带来宗教般
的启示，那么，人们很可能忘记民族、国家和社会，或者把命
运交给殖民统治，或者踏上流浪他乡之路。实际上，在极度黑
暗的殖民统治后期，曾积极投身于独立运动的一些人也不乏加
入到亲日行列的例子。在这种伸手不见五指的黑暗的年代，让
广大民众牢牢记住民族独立精神的启示，正是来自韩民族的后
天开辟思想。

尽管如此，在日帝的干扰和破坏下，许多教团陷于困境，
其理念和主张也被任意歪曲。所有这些状况预示着解放后民族
宗教活动并不一定顺畅。事实上，在日本殖民统治时期积极展

开活动的大部分民族宗教团体和组织，解放后其活动大大萎缩。这主要是因为，各宗教团体和组织尚未确立适合新社会的自身的主体性，就马上迎来了解放。更确切地说，韩国民族宗教因日帝严酷的镇压政策而战战兢兢度日，还没有来得及从思想上、教理上确立自己的主体意识。只有圆佛教一开始就与现实保持同步的发展，所以光复以后也比较容易渡过难关。结果，现在圆佛教已经在现代韩国社会里起到核心宗教的作用。当前民族宗教团体和组织所面临的课题是如何确保民族发展的新的方向性和重建适应新时代的价值意识。为此，首先要以有别于过去的眼光来反思自我主体性，以更加宽广的视野去把握现代。

第四篇

光复后民族宗教教团的
重建和统一运动

黄善明（明知大学教授）

Ⅰ. 光复以后教团的重建

1945 年 8 月 15 日，朝鲜解放以后，一直在暗地里进行传教活动的各类教团陆续展露出各自的本来面目，诸宗教迎来了百花齐放的新时代。新时代的到来为诸宗教重新开展信仰活动营造了较好的氛围。

在日本军国主义统治时代，朝鲜的传统佛教和基督教只能在限定的条件下进行传教活动。而对于民族宗教，日本殖民当局以"类似宗教"为名加以残酷的镇压，于是大部分民族宗教几乎遭到了灭门之灾。解放后，民族宗教才得以自由地进行传教活动，随即人们的信仰活动丰富了许多。

尤其在日本军国主义统治末期的 20 世纪 40 年代，随着太平洋战争的爆发，人们的社会文化活动进入了冬眠状态。大部分民族宗教被殖民当局认定为邪教，进而耗尽了其顽强的生命力。到光复那一天，民族宗教已筋疲力尽，到了近乎丧失自生能力的地步。

也就是说，在日本统治时代，民族宗教没有像样的信仰活动或社会运动成果。解放后，作为韩国民族宗教两大山脉的天道教和大倧教表现出了与日本统治时代完全不同的姿态，他们不得不致力于克服内外混乱状态的活动。

因为天道教的大部分信仰活动基础都集中在关西地区，所以南北的人为分裂对教会的统一管理带来了很大的障碍。

在日本军国主义统治时期逃到中国开展抗日斗争的大倧教，由于其总部设在北间岛，而且所有的活动基础都集中在伪满洲一带，因此国内教堂的基础近乎处于零的状态。这也是解放后大倧教归国进程推迟的原因之一。

解放后，综观各种条件，最便于扩大传教基础的教团应该是基督教。因为基督教可以借助美军政的势力打下基础。当时，基督教主要在平安道地区开展传教活动。基督教在韩国主要以教育、医疗、福祉、服务等行业为中心，间接地开展传教活动。

但是解放后，随着朝鲜共产政权的树立，以牧会者为首的很多基督教信徒纷纷南下。由于基督教在传教方面带有泛世界性的特点，而且受欧美，尤其美国的影响较大，因此，解放后基督教的传教活动开始显现出如鱼得水般的活跃景象。朝鲜战争结束后，由于受反共思潮的影响，基督教的传教活动在韩国境内获得了较大的活动空间。

相反，以天道教和大倧教为首的各民族宗教教团的传教活动正处于开荒般的恶劣条件。当时军政当局和社会各阶层对民族宗教的看法较复杂，没有形成一定的共识。

问题在于，当时在传教对象或传教方法以及与宗教信仰相关的一切活动方面，各民族宗教教团没有积累建立适合当时社会条件的宗教体系的经验。因此，在这种艰苦条件下，各宗教团体在传教活动方面获得绝对自由。某种意义上讲，宗教信仰活动迎来了自由新天地。在宗教财产问题上，主要的民族宗教团体接受了日本人，尤其是日本宗教团体遗留下来的财产。这对扩充传教基础提供了极大的帮助。

20世纪70年代以后，随着韩国经济的高速增长，民族宗教教团的规模也显现持续增长的态势。"6·15宣言"发表以后，民族宗教界的南北交流更加频繁。特别是在南北分隔57周年之际南北共同举办了开天节，具有极重要的意义。

1. "8·15光复"与民族宗教

解放后，美军政对宗教施行的政策一开始由军政厅学务局教化科（尹吉重任科长）负责落实，之后移交到军政厅文教部（俞亿廉任部长）负责落实。军政厅首先对当时的三八线以南的宗教团体要求公开其设施及固有财产。然后，对其中的日本宗教留下的财产予以没收并统计分类后，向基督教和传统佛教等民族宗教教团逐一出售。

这一时期，军政厅文教部长俞亿廉（基督教人）和1948年政府成立之后被任命为第一任文教部长官的安浩相（大倧教人）博士是为提高传统宗教威望而做出贡献的人物。

俞亿廉在担任文教部部长的时候，与大倧教领导人李克鲁协商，将佛教、基督教（含天主教）、儒教和如今被认定为新宗教的天道教、大倧教注册为五大宗教。

1) 大倧教教团的重建和弘益人间理念的教育事业

大倧教自从初代教祖罗喆于1914年将总本司设立在白头

山间道松波湖时起，已经历了 50 多个沧桑岁月。其间，除了有 10 位贤人在壬午教变中殉教之外，还有近 10 万教徒在抗日战线上英勇牺牲。此后，三代教祖尹世复经过千辛万苦开辟了解放后被截断的归国之路，于 1946 年终于结束亡命他乡 35 载的生活，回到了日夜思念的祖国（大倧教于 1911 年迫于日本军国主义的压制亡命中国）。回到汉城以后，尹世复将总本司的牌匾挂在了汉城市中区苧洞所在的旧西本愿寺。此建筑物是解放后经在京教主们选址、由以先遣队身份归国的李显益经过艰辛努力而获得的。

当时大倧教将金准、李克鲁、郑烈模等被推选为教团教务行政最高执行机关——三典。同时经营大倧教咨询机构——经议院和在总本司内外的南道本司社稷公园内建的汉城市教堂。

此外在汉城、开城、大邱、裡里、大田、光州、安养、始兴、尚州、金泉、扶余、釜山、密阳、井邑、堤川、安山、利川、保宁等地新设教堂以扩张教团势力。教众们通过以汉城为中心的各道本司和教堂开展传教活动。当时的信徒数多达 50 万（含国内外）。

大韩民国初期，以副统领李始荣为始，文教部长官安浩相、监察院院长郑寅普、民政部长官安在鸿等政府官员们相继担任大倧教元老。上述官员为首的政界人士和有识之士为重振大倧教呕心沥血，使大倧教的面貌焕然一新。

被任命为第一任文教部长官的安浩相博士曾经主张将开天节定为国庆日，将弘益人间理念定为教育之基本理念，并且把弘益人间理念写进 1949 年制定的《教育法》第一条。"弘益人间"原来是由 1946 年朝鲜教育审议会第一分科委员白乐浚博士提案。白乐浚博士曾在美国攻读历史学和神学。他提出的"弘益人间"被美军政认为带有很强的民族主义色彩，因此曾遭到抵制，但白乐浚将"弘益人间"用英语翻译为"对人间的最大服务"（Maximum Service to Humanity），成功地说服了美军政。他的解释并不是基于民族主义概念，而是基于市民教育概念所做的有意图的解释。从 20 世纪 80 年代末期开始，虽然有一些人提出要修改教育法，但没有得到很好的反响，因此"弘益人间"理念仍在《教育法》里保持其位置，只不过其法定名称改为《教育基本法》。

1948 年 8 月 5 日在李承晚总统官邸召开的首届国务会议上，提出了有关派遣特使和改年号的问题。当时提出了"六甲"、"西纪"、临时政府"民国"等几个年号，但终未有定论。据说，国务会议结束后，文教部长官安浩相直接找李承晚总统提议使用"檀纪"为年号，并提议将开天节定为国庆日。安博士说，只有使用"檀纪"年号才能胜过日本历史起源。听完安博士的解释后，李承晚总统称："此建议不错，《独立宣言》中不就使用了'檀纪'年号了吗?"最终将年号定为"檀纪"。《独立宣言书》里记载的是"朝鲜建国"4252 年 3 月 1 日。9 月 25 日在大韩民国法律第 4 号《有关年号的法律》中将"大韩民国共用年号为檀君纪元"法制化，直到"5·16"时期。

朝鲜战争给大倧教带来了变化。教团的重将或牺牲，或被杀，于是出现人才匮乏、教徒数逐渐减少、地方教团负责人老死等局面。

教祖尹世复经过深思熟虑后，召开教团议会，改定弘范（教宪），将传授教统制度改为共和制，并且组织中兴会以求东山再起，还以向地方派遣巡教员等方式来致力于传教。

然而，大倧教因 1960 年尹世复宗师的归天已难以挽回教势。为了祖国的解放，尹世复曾流亡中国，风餐露宿，还被日本警察逮捕，判过无期徒刑。

尹世复也明白，在解放朝鲜当时，一边反抗日本军国主义的镇压，一边纠结国内外各种力量确立民族斗争的精神支柱，若要实现将国民意识归结到真宗大道（既弘益大道）的想法还为时尚早。

他按照先宗师的嘱咐，在维持大教现状的情况下，拿性命来保护教文。出于统筹教务的责任感，他于1958年10月19日通过教会议决再次担任总传教职务。

当时年近80岁的尹世复，为了将有关大倧教的历史和传统传给后世，不顾病魔缠身，执笔三年完成了长达十四卷50万字的宗史。

1960年（庚子）1月17日下午2时，尹世复在唐珠洞总本司大一觉（总传教执务处）病逝，享年80岁。当时，社会各界人士和教友们纷纷提出要举行社会葬礼的建议。但是根据本人的遗嘱，行教团葬礼五日葬，遗体火化后骨灰全部撒入汉江。

尹世复宗师去世后，大倧教总本司曾有过几次迁移，1982年最终定居在现在的北汉山脚下（弘恩2洞13—78）。据说选中此处是因很多人认为该地为当时的宗教圣地，即圣域。

摩尼山民族圣火

在这里要特别提到的是摩尼山民族圣火传接奉送。

1946年为了庆祝光复一周年，在汉城的三大名山南山、北岳、鞍岘（鞍山）举行为时三天的烽火祭奠，当时大倧教接过火种并点燃了三处烽火。1946年8月15日下午6点，檀崖宗师在大倧教总本司天真殿采火种，并让圣火传送团代表孙基祯把火种传送到临时政府主席白凡金九先生手里，由其在南山烽火台上点燃圣火。

政府决定将南山烽火作为民族圣火传到具有报本意义的祭

天坛摩尼山参圣坛。1946 年 10 月 3 日（农历）清晨 6 点，在大倧教总本司举行圣火传授仪式后，指定马拉松选手咸基镕传送到摩尼山。当时由民政长官安在鸿在全国人民的欢呼声中接过圣火并点燃。点燃民族圣火意味着弘扬报本意识和崇敬祖先的精神，也意味着弘扬民族传统和恢复民族主体性。

2）天道教与光复

曾经在日本军国主义镇压下艰难传教的天道教，解放后借助南韩地区急剧扩张教会势力的东风，到 1947 年信徒数达到 40 多万人。并且教会在加强青年会、学生会、内授团等组织的同时，进一步扩展传教事业。1948 年，天道教在韩国的新旧派经协商恢复，成立了单一教团。

但是，由于在朝鲜废除了连院制，教会的势力明显萎缩，尤其在"6·25 朝鲜战争"后天道教已无法挽回教会势力的衰退。

1953 年汉城修复后，将中央总部迁移到汉城，1961 年崔时亨和孙秉熙出版了天道教经典，经典里包含主要教理内容和主张。然而，天道教经典的出版并没有改变各教派分裂的局面，甚至造成了教团内新的分歧。新旧派整合后产生了青友党，后来又出现了万化会和东学党，但过不多久就都销声匿迹了。

1963 年教人崔秀廷以道学教为名组织教团。教人李灿荣也曾以整合东学教团为名，挂上了民族信仰联盟的牌匾。但是因为政府出台韩国新兴宗教整合政策，指示创立东道教。于是，他就为加入东道教创立了弘益教。结果东道教和弘益教两个教团因相互戒防对方，最后此二教团都成了有名无实的教团。

15 层高的水云会馆坐落在现在的汉城钟路区京云洞"天

道教中央总部"里。在全国拥有 50 万信徒的天道教是目前韩国五大宗教之一。起源于朝鲜北部地区的天道教，如今广布在以汉城为中心的全国各地。

1964 年天道教为了纪念教祖得道 105 周年和殉教 100 周年，在大邱达城公园内建立了水云大神师铜像。1971 年在崔水云居住过的故乡旧址里，由政府主管，在月城郡民协助下立遗墟碑，以此纪念水云的诞生和东学的发祥地。

3）水云教的教团重建

（1）解放前后水云教的抗拒活动

1923 年 10 月 15 日，以佛天心一圆为宗旨的水云教在汉城创教，1929 年在大田锦屏山麓建兜率天宫后，将本部迁移到大田。当时水云教教主出龙子被信徒们称为崔水云现身或是水云生还。水云教的信徒们认为教主就是水云天师，因此教主的正式名号叫做"水云天师出龙子顺德君"。教主出龙子在青阳所在地道成庵诵读九年经后，1920 年 9 月 15 日宣布再世人间。

1936 年日本殖民政府发表《类似宗教解体令》后，1937年 5 月强制废除水云教教名，改为兴龙寺，而且严禁水云教的固有意识的传播。东学的"3·7"经文也无法继续念诵下去。然而，水云教教人在对日本殖民政府的决定提出强烈抗议的同时，暗地里潜伏在锦屏山十二峰，按照水云教仪式举行各种宗教仪式。水云教的抗拒活动中出现了 6 位殉教人。这就是有名的金瓒镐的铁原事件（1941 年）以及平壤船桥里事件（1943年）。

1941 年 9 月，金瓒镐在按原来的水云教仪式在教人当中传阅有关奉行祈祷的书信时，被日本警察逮捕。铁原警署和大田警署联合对金瓒镐进行了调查。与此事件有关的教人，包括居住在锦屏山下秋木里和新峰里的李夏林等 11 人在内，全国共有 28 人受牵连。大田本部有居住在大德郡炭洞面的金永汉、李夏林、安中禄、张明綮、李麟基、李英益、李基瑞、朴台泳、金奉仁、韩观镇、刘翊龙等 11 人，江原道有李圭铉、李圭冕、吉浩顺、李达丰、白周铉、沈宜润、朴光明、张昌益、申孟燮、申允哲、徐丙鲁、金瓒镐等 12 人，咸镜南道有崔炳权、李道在、金道俊、李明成等 4 人，开城有金世荣等。他们都监禁在铁原警署，重刑者被监禁在汉城西大门刑务所一年四个月。其中朴台泳、李圭冕、申孟燮、吉浩顺、李达丰等 5 位教人在狱中因受酷刑致死。

1943 年 5 月又发生了一起骇人听闻的事件。吴武镐在祈祷的时候参悟玄机，内容就是"驱逐日本殖民总督，在总督府悬挂水云教匾额，日本天皇举手投降"。吴武镐立即把此内容撰写成文稿在教人当中传阅时，被日本警察发现。平壤船桥里警署协同大田警署对水云教本部进行搜查并逮捕吴武镐等八位教人。当时被投狱的有吴武镐、郑昌模、杨根成、姜周熙、朴夏奎、李烈镐、金永斗、金道成、边弘植等九人。他们在一年以后被释放，但是姜周熙因受到酷刑，回家不久便去世。

1945 年 8 月 15 日（农历七月七日晚），居住在离水云教本部不远的忠清南道大德郡炭洞面紫云里虎伏洞的教人朴夏奎，因涉及船桥里事件投狱一年两个月后被释放。有一天，在炭洞面驻在所工作的两个日本巡警到他家里恐吓："你还在想独立呀！你以为是被无罪释放吗？这一次要是再进监狱，你不会那么幸运啦！我们没有别的办法。明后天某某人到驻在所来一趟……"这时，有一个少师急匆匆赶来对两个巡警悄悄地说了些什么，然后迅速离开。

　　当时，朴夏奎一行每晚都在锦屏山顶按照水云教仪式行致诚祈祷。农历七月七日，他们也在锦屏山顶奉行七夕祈祷后各自回家。翌日清晨，朴夏奎听到"昨天日本天皇向联军投降"的消息。朴夏奎兴奋之余，走街串巷转告此消息。水云教龙虎道场就此摆脱了长达36年之久的日本殖民统治，迎来了光复。

　　日本投降，应验了铁原事件主导者金瓒镐所做的"乙酉年（1945年）日本将败亡"的预言，也应验了在船桥里事件中被捕入狱的吴武镐所做的"天皇将降服"的预言。

　　采芝歌（草堂之春梦）中赋有"日出东海没于辛酉方，七七夜鸡打鸣重见尔面，日暮太空照三十六宫"一句。韩国道教界对该诗句解释为"虽然日本殖民统治韩国，但是到了乙酉年农历七月七日深夜日本会败亡"。可以说这种预言来自诚挚的信仰和对民族的信赖。

　　（2）兜率天宫天坛的复原与国祖牌位奉安

　　1945年8月15日光复以后，水云教教人聚集到信仰本殿兜率天宫天坛。他们首先把日本人强制在天坛正门挂上的匾额"弥陀殿"取下，然后把原来水云教的匾额"兜率天"挂上，取下南边广德门外的匾额"兴龙寺"，再把"水云教"匾额挂上去。

　　另外，挪动曾安置在天坛内的阿弥陀佛立像，再把临时放在天坛壁后的日月和36星辰（星辰：4大七星的28个＋三太星6个＋紫微星2个）雕像按原来的状态复原后安置在天坛上。

　　同时，水云教把日本统治者为了废除水云教而禁止奉安的菩萨佛像重新复原后安置在现在的位置。从这里我们可以解读出"佛即天、天即佛"的佛天心一元宗旨。水云教的佛天心信仰基于仙佛合德原理。

☆ 北斗七星	★ 三台紫微	☆ 西斗七星	◎ 月精	上帝之位	◎ 日精	☆ 南斗七星	★ 三台紫微	☆ 东斗七星
〈西座〉		解放后复原的水云教兜率天宫天坛缩略图					〈东座〉	

图1

解放后，水云教所做的第一件事情，就是找回"3·7"字本经文和安置国祖檀君灵牌。在日本殖民统治时期，因为强制接受日本式意识形态，不能公开诵念本经文"至气今至愿为大降侍天主造化定永世不忘万事知"，而只能躲藏在隐蔽的场所念诵。

另外，在日本殖民统治时期，因为不能使用国祖的名号，所以只能安置白纸灵牌。解放后，在兜率天宫天坛前安置了"朝鲜始祖檀君之牌"、"无上正觉释尊之牌"、"太上老君老子之牌"、"大成至圣孔子之牌"四圣之灵牌。1929年修建的水云教兜率天宫，现以"水云教天坛"之名被指定为大田广域市第28号有形文化遗产。用手敲打就发声的奇石——"水云教石钟"被指定为大田广域市第13号文化遗产资料。现在歌颂的"三大愿成就歌"（海庵金斗和作词）和"天坛歌"也是解放后被正式指定的教歌。

解放后找回了被日本开教监督部没收的由教主出龙子亲笔所写的龙云歌新版，但是出龙子使用过的名章皆遗失。水云教教人认为很可能被日本人拿到日本本土了。1933年建造的三塔中弥陀塔（六层木塔），1938年3月被日本人以参加日本东本愿寺佛教美术展为名强行运到日本本土。2001年12月15

日，弥陀塔被运回韩国，这时的弥陀塔部分已被损毁。

1946年1月，水云教向忠清南道知事提出要把教名变更为水云教的"教名变更计划"。之前水云教被日本殖民政府强制使用兴龙寺名长达九年。水云教终于恢复了原有的水云教之名。

水云教于1945年10月废除"兴龙寺教务规定"后，制定并公布原来的《水云教典制》，于1946年1月起正式施行。

新《典制》的最大特征是教会的一般事务要根据法师协议制处理，总务要根据法师的协议制管理教务。水云教之所以选择协议制的运营模式，也许是为了缓解因教主的圆寂而领导力受挫的局面和因日本投降以后教会内出现的混乱局面。

缩小以往的三院长制，改定总务、署务、财务等三人制，职务任期为一年，任满可再任一期，以此来支持共和协议制的运营。特别是法师在教团内的地位显得尤为重要。

《水云教典制》第24条规定："法师根据教人的意见制定重要的教务和有关职员改选的事项和规则。"

根据这一规定选任了36位法师，并且把法师会分成6部来分担业务。

当时，虽选拔李凤九担任执行部总务，但是由副总务金尚柱代行总务，书务由李道载，财务由郑海洙，天坛敬卫师由安中录，大凤寺持殿由李永培来担任。但是现在水云教的三人制又还原为三院长制，即总务院、法师院、监理院三院体系。作为教团代表总务院长由大义院选举产生，现在水云教总务院长是第21代。法师院具有表决功能，监理院具有监察功能。

2. 甑山教团的重建与统合运动的展开

甑山教团不像普天教以后的天主教或者大倧教只存在一个

单一的宗团。其中既存在像大巡真理会这样的大教团，也存在信徒数不超过 100 人的小规模教团。因此，有必要将各类教团统合为一。

解放后，可以说，甑山教团刚刚从冬眠状态中苏醒过来。因日本军国主义对民族宗教的抹杀，甑山教门濒临灭绝。解放前遭受日本军国主义镇压的不只是甑山教一个团体，但是因无极大道被日本人视作类似宗教而遭到镇压。因此，解放后重建教团的运动中，甑山教团比起其他教团需付出更多的努力。正值教团重建，又发生了同族相残的"6·25 战争"，朝鲜南北大地都被鲜血染红。在动乱年代，谁还能有闲暇顾及渴望后天开辟的新时代到来的新宗教呢！

因此，甑山教团的复兴只能等到 1960 年代韩国社会和经济腾飞的那一天了。甑山教团的统合运动在解放后拉开序幕，在民族宗教运动史上具有重要的意义。正因如此，在这里略提一下甑山教的统合运动。

甑山教团内的各教团相互之间的关系极为密切。各教团在不断的交流中创立了教团，发展了教理，而且为克服种种困难开展了各种联谊活动。了解甑山教团统合运动的渊源，需追溯到日本统治时代。

1）八派联合会

1926 年 5 月，在办理甑山的母亲圣母权夫人丧事的过程中，普天教和赵哲济教主的无极道之间发生了意见分歧。

为化解分歧，甑山教门各派教团的领导层聚到一起商讨如何防止教团纷争以求和睦。根据李祥昊的提案，朴公又、安乃成、李治福、金京学、弥勒佛代表李祥昊、无极道代表赵镛模、以高夫人为首的教团代表高赞弘、蔡京大等聚在元平组成了八派联合会。他们一致认为各教团之间应该避免无意义的纷争，在危难时刻要同甘共苦。他们还决议相互协助编纂经典。从那一天起，八派领导层每天聚一次，此举维持了三个月之久。

2）甑山教团统政院

1948 年 9 月，曾任临时政府参谋总长并对光复军的培养做出过贡献、归国以后又担任美军政统委部长的柳东说将军，在金国堡的劝诱下加入普化教。后来，他到金山寺邀请附近的甑山教团的负责人，一起商讨甑山教宗团统合一事，大家一致赞成宗团的统合。

于是，1949 年 1 月 11 日，甑山教宗团的 17 个教团的代表聚集在位于首尔站附近的金国堡的家中，组织了甑山教团统政院。这次会议制定并宣布了甑山教团宣言、教义体系、信仰体系和甑山教教规，选举了任职人员，并把总部设立在首尔市钟路区坚志洞 72 号，即原侍天教总部所在地。大会上选举柳东说为统教，李昌浩等为副统教。

在成立了甑山教团统政院之后，组织巡回报告团，到各地去做巡回讲演。当年 3 月 11 日在郡山组织了集会，以后陆续到峨山、首尔、大邱、安东、奉和、文庆、密阳、釜山、马山、镇海、陕川等地做巡回讲演。到了 5 月，惊闻白凡金九先生遇害消息之后，教团就停止了巡回讲演。此后，在朝鲜战争期间因统教柳东说被劫持到北韩，甑山教团统政院的活动基本停止并自动解体。揭示甑山教团统政院的教义体系和信仰体系的李正立的巡回讲演内容，日后以《民族的宗教运动》为书名公开发行。

民族宗教运动的要旨如下：第一，要返璞归真，应立足于民族的本然性的生存理念来开展宗教运动，才能更生外来思想奴役下的民族。第二，甑山的宗教思想是基于檀君圣祖的神教思想发展而来的风流道、花郎道和东学思想之集大成，是吸收儒、佛、仙及西道思想而完成的思想。

3）甑山大道会

1955 年 3 月 11 日，为响应政府的宗教政策，三德教、普化教、仙道、太乙教、顺天教的柳春来教团、崔根奉的药方派教团、崔善好的弥勒契、甑山教大法社等 13 个教团的代表们，聚集在位于龙华洞大法寺的九圣殿，结成甑山大道会，选举李正立为委员长。甑山大道会的纲领是：铭记甑山的圣训，要建设新的民族宗教，确立新的国民道德，创建新的民族文化。

4）民族信仰总联盟

在甑山教大佛寺的李正立、三德教的徐相范、普化教的金在宪、仙佛教的金炳澈、天道教的李赞英等人的发起下，郑寅杓的弥勒佛家、崔善好的弥勒契、郑根奉的药方派教团、太极道、光明道德会、上帝教、崔守正的道学教、吴定根的一贯道等 13 个教团，于 1960 年 9 月在大田文化院结成了"民族信仰总联盟"，并于 1961 年 2 月正式向国务院事务处提出申请，被准予登记，号码为 340，办公地点设在钟路区犬指洞 80 号。

"民族信仰总联盟"的纲领是：建设单一的民族宗教，以民族的团结促进人类文化发展。

"民族信仰总联盟"成立之后，发行联盟的机关报"宗教联合新闻"，但在正积极开展联盟活动时，因"5·16 军事政变"而受挫。

3. 光复前后期甑山教系的活动

1）太极道

1921 年赵鼎山教主创立无极道以来，不顾日本统治当局的监视和镇压，不断壮大教团势力，到 1920 年年底，教徒人数达 10 万之多。随着教团的壮大，日本统治当局的压制也随之加剧。

1935 年 12 月初，朝鲜总督派全罗北道知事高元勋传递亲笔书信，多次要求其协助皇民化政策。但赵鼎山断然拒绝总督的要求，并说，"吾之道，定解散道人，等候时机已久，勿须再论道。"结果，朝鲜总督府下达了所谓的宗教团体解散令。

据太极道全经，道主赵鼎山就道运而言，曰："吾之道乃道运盛花之局格，凡事有机，此机乃甑山上帝拟定之度数，即落花度数和潜龙度数，花是落花，龙是潜龙，27 年间虚功夫、虚度数（奉天命运的 1909 年至 1935 年间）正是此时期，我要重新入山修道，你们各自回家，等候我再次出山之时。"

1936 年，无极道根据类似宗教团体解散令，摘下牌子进入隐道时期，赵鼎山道主躲入乡里。赵鼎山道主冒着日本统治后期的各种压制，坚持苦行九年之后，终于迎来了解放。在迎来光复前某天，赵鼎山在昔日的信徒们集聚的场合上说道："今日我想用图像说明太极的真理，这是吾道之渊源，是宇宙相生发展的大原理。"并亲自画出太极和八卦之图形，且说："这就是太极，乃吾道之道旗。在吾国自上古时代开始同阴阳思想和上帝信仰一起传承下来，旧韩国把它作为国旗。今日虽倭寇对太极加以禁忌，但万有群生之根源皆在此。"

赵鼎山道主于 1948 年在釜山的宝水洞设本部，正式公布了"太极道"这一道名。

从创立之日起到现在，我们可以把太极道史分四个时期来记述。

第一期，赵鼎山道主公布道名至去世。

第二期，道主去世，朴汉庆任第三代都典时期（第一、二代都典任职期间是道主在世，故无代表权）。

第三期，朴汉庆离去，赵永来任第四代都典时期。

第四期，第五代都典李甲性（连任第六、七、八代），第九代都典宋在贤（连任第十代），第十一代都典金永福（连任第十二代）任职至今。

（1）第一期

道主赵鼎山正式公布道名之后，决定把新的本部道场设在釜山。经多方物色之后，更名后的太极道的第一个本部道场就设在釜山宝水洞21号。这里一开始被命名为釜山道场，九年之后的1956年7月改称为宝水道亭。

1949年4月28日，由于教徒人数剧增，太极道制定了人员组织体系，作为地方单位布德户数达500，就设布监；达150户，就设宣道士；达50户，则设宣道员。李龙植、安商翼、金台万、金命求等人被任命为布监。

1950年，太极道遭遇了意想不到的灾年，太极道把此事件叫做"道难"。这一年1月2日，道主赵鼎山为首的全体人员被中釜山警察署拘留受审。全员在中釜山警察署被拘禁几天之后被移送到庆尚北道警署，然后又被押送到设在丽川警察署的戒严司令部军警联合搜查队。

此事件的发端是，由于已离开教团的姜某和金某改信曾担任前军政厅统委部长的柳某的普化教，并企图把甑山教团兼并时，只有太极道不赞同，而其他大部分教团都同意。在成立了所谓的甑山教团统政院之后，柳某就任于统政院代表资格的统教，姜某等人则也身居统政院要职。他们利用自己的身份和地位，对戒严司令部施加压力，把太极道诬陷为容共团体而加以迫害。

后来，被判明为捏造和诬陷，拘留3个月之后的3月5日全员被释放。恰逢战争期间所有的难民都到釜山避难。因此，作为韩国第2大城市的釜山成了临时首都，全国各地的道人也云集在釜山的本部，一时间宝水洞一带成了临时的道人村。这时，作为道主的赵鼎山向道人提供生计补助和职业介绍，使道人们不仅生活安定，而且还感受到了身居道主身边的温暖，通过团体生活道人们提高了信心，加强了团结，使道人之间的友谊更加深厚。因此，战争中失地收复之后，道人们也不愿回到故里，继续在釜山过定居生活。1951年，信徒人数超过了数千户。为应对这种情况，把区域重新整理和编制，即把釜山地区叫中部，其他地区叫做地方，而且又将地方根据原故地的名称称为"○○方面"。道人也分别被称呼为中部道人和地方道人。

总之，在战乱时期迁移到中部釜山的信徒不断增多，加上忠州方面的安尚翼、朴汉庚、柳喆珪等人相互竞争般地每月向中部地区输送数十户信徒，导致京釜线因货运量增多而陷于瘫痪。恰好在这一时期，社会上流传着一些攻击教团的流言飞语。这样在休战之后的不安的局势下，以散布惑世诬民的流言飞语或类似容共分子所为的嫌疑，一些教团的干部再一次被拘捕。在对此事件的公审过程中，道主赵鼎山不得已亲自出庭与当时的清州地方法院院长进行《周易》论战。结果，裁判长折服于道主的人品和学识，离任之后还亲自到釜山向道主求教。三年之后牵涉该事件的人员都被无罪释放。赵鼎山道主在清州法庭出庭之后，在回家的路上，路经清州花样洞时看到了黄极新度数和大神门度数，这也是道史中的一次重大事件。

1955年2月初道场开始补修工事，到4月结束时，借助于把赵鼎山道主侍奉为至尊的活动，重新整理各种仪礼，规范了道团的仪礼秩序。同时，把至今为止的单员体制的人员构成体系改变为双员体制，具备了名副其实的近代宗教团体的面貌。

同年7月，釜山市当局提出要拆迁信徒们居住的棚屋。道主早在5月已下令了解甘川一带的地价，组成迁移对策委员会。该委员会购买迁移预定之地的私人田地，对国有土地则预付一定数量的定金之后获得了经营权。赵鼎山认为甘川这一带就是甑山曾在玄武经里指出的虚令符为泰仁道场、地觉符为会门道场、神明符为甘川道场的天仗吉坊的5万年圣地。从此开创了太极道的甘川洞时代。

这一时期，朴重夏被任命为对策委员长。赵鼎山道主把整个甘川地区划分为九区，并依次指定为1到9监，1监为忠州、2监为甘川、3监为天安、4监为怪山、5监为中山和荣州、6监为槐山、7监为清州、8监为忠州、9监为延丰，呈现出九宫九曲之性状。

总之，到同年10月底，入住的信徒约八百户。这样在釜山的甘川洞形成了一个信仰村。

在这里值得一提的是，一直关注道人的生计问题和教团的经济并致力于产业开发的道主，指示在对策委员会的办公室旁开了一家粮店。教团经营此粮店，与批发商进行直接贸易，向道人们提供廉价粮食的同时，将经商所得利润积累下来，供信徒们维持生计用。原先规模小的粮店，经营得越来越兴旺，还接管了一家碾米所，后来扩大到经营名曰"协同商会"的流通会社。

不仅如此，赵鼎山道主还设立了全学院、编辑委员会和青年部，开设了泉德公民学校。这样，虽说是在教团内部，但已开始着手文化教育事业。而且，发布了宗旨书、道统、起源、信条的纲领、要体和道人守则等，刊行了太极道通鉴。

1957年建了大降殿，并曰：50年工夫寻觅处为甘川，尔等祈祷之所愿唯大纲，此乃天机、度数，5万年间唯一的、宇宙间独一无二的真理之圣殿，此地为新的首府，亦源于此。

同时，赵鼎山开始施行作为50年工夫之结晶的真法学习。1958年，赵鼎山道主去世，享年64岁。随着赵鼎山去世，太极道第一期也落下帷幕。

概而言之，赵鼎山道主在光复之后，经历朝鲜战争的混乱期，留下了继无极道之后在较短时间内使太极道成为教势强大的新兴宗教团体的伟大业绩。

（2）第二期

赵鼎山去世之后的1958年8月，朴汉庆都典在道场境内建筑钟阁时，以充当建筑费的名义，直接向道团直属的协作商会下达了强制性的资金保障任务。这一指令成了是非的导火线，把太极道推向了内部分裂的旋涡之中。为此，有关财产争论最后闹到法庭。没有理顺财产问题的情况下，刚好又遭遇了1960年发生的所谓的"3·15"腐败选举中道人集中的甘川洞的太极道支持自由党的嫌疑问题。结果，朴汉庆等20余名干部遭拘捕。经全体道人一年多的努力，终于平息了事态。1961年发生"5·16政变"之后，军事政府重新审理"4·19"事件，并以违反国家保安法为由，拘捕了20余名干部，6个月之后又无罪释放。

在赵鼎山道主去世之后，教团经历了长达3年之久的内忧外患时期。朴汉庆心机一转，对内加强团结，巩固领导体系；对外致力于布德教化，并于 1963 年 10 月 20 日拿到了政府发放的财团法人许可证。虽然取得了加强内部凝聚力和道势扩张的业绩，但对朴汉庆的教团运营能力的争议也越来越大，最终迫使朴汉庆留下拜退声明书离开太极道场。

（3）第三期与第四期

第三期

朴汉庆离开道场之后，道人们推举赵鼎山的三子赵永来担任都典。这样，1968 年 10 月 25 日，赵永来正式就任第四代都典。赵都典当初面对朴都典的支持者和反对者的对立，为消除对立，实施教团改革，恢复教团的正常活动，颁布了临时条令，进行教团改革，图谋教团的稳定，同时又加强布教和教化的现代化，重新整理和整顿了教团的运行机制，并通过在首尔、大田、店村设立支部等方式逐渐恢复了教团的声誉。

另外，赵永来又开放了教团的门户，允许那些以前离开教团的人重新入教，用事实证明了教团的运行并非世袭制。1980 年成立了太极道的信徒会，打破了极端的信仰态度或末世论信仰，开启了太极道真正的发展时代。

第四期

赵永来都典通过推动教团改革，确认教团已恢复了稳定之后，于 1981 年 3 月辞去了都典一职。李甲性作为后继者，就任第五代都典，之后又连任了第六、七、八代都典。

1985 年，创建了每年献上祭香以侍奉自无极道时代至今的已故道人灵位的仙灵阁。1989 年 3 月，发行了太极道的基本经典《真经》，即无极真经和太极真经的合订本。

第九代都典宋在贤（连任第十代）则在任职期间的 1995 年，发行了太极道的道书《道学原论》和《赵鼎山传记》。

1995 年 12 月 4 日，纪念道主降世 100 周年的太极节之际，把大纲殿和九德精舍进行重修。1998 年，又修建白鹤馆。

第十一代都典金永福（连任第十二代）在任职期间的 2000 年，又改建青鹤馆、钟阁，编辑出版了韩文版《真经》，再版了《修道正典》。

2）顺天道

总部设在全罗北道金堤市金山面的顺天道是甑山系的教团。下面所述的教团创立的缘起，可以看做是顺天道的创建正史。

（1）创教主的义兵活动

1910 年，日本帝国主义用武力强占朝鲜半岛，并强行韩日合并。那一年刚好 29 岁的顺天道的创始人张基准联合丽水等地的青年人开展了义兵运动。但是，由于种种原因义兵运动不尽如人意。张基准便躲在家里，断绝与外界的一切联系。到了第三年，因郁愤患疾，百药无效。1912 年 3 月 15 日，33 岁的张基准遇到了住在泰仁面白岩里的一位过客。从过客那里得知姜甑山的情况，并学到了太乙咒的诵读方法。他开始相信甑山的圣力，并在帝王峰搭起棚子，一心一意诵读太乙咒达五个月之久，终于治好了心病，而且自认为得到了大灵。同年 10 月 19 日，张基准拜见了甑山的父亲，被赐予"学则甑山之学"、"道则顺天之道"诗句。与此同时，他还同全州铜谷的金亨烈和正邑大兴里的车京石开始了密切的往来。

（2）大觉（悟道）和开学致诚

与金亨烈交往之后，张基准暗自下决心，在自己得道之前，拒听他言。1917 年 3 月中旬，张基准重登帝王峰，遵照甑山的教导开始了漫读书传序文的修炼。经过不断地修炼精进，同年 6 月终于大觉。

据说，张基准在 1919 年 9 月，完成了玄武经的解说。其实这只是从玄武经开头到第八个赋的解释而已。

1920 年 4 月 5 日庚申日辛巳时举行开学致诚。真设为天地人三位设位于三床，这里，天位是大圣位。众道徒们整齐地排列之后，让初献人坐在三床前。开饭后在席上摆上酒之后，让大祝人坐下。然后，金京学信徒同张基准一起坐在陈列天地人三位的床前，举行授予渊源的法式。4 月 5 日奉上开学致诚，7 日在大圣面前，献上告祝渊源的渊源制高祝式。

（3）对日本总督府的抵抗与光复

1921 年 2 月下旬，张基准对门徒姜兴基说，"天地间布教天运在消失，不能不教那些想学的人，但天地运数如此而已。"进而他开始致力于收集甑山的圣训和遗物。如 1921 年中秋节那天，他让金石井去求甑山曾在信徒文兴基的家门上粘贴的"情谊图"，又通过信徒金京学求得贴在申京洙家墙上的杜门洞星宿图。到了 1921 年年底，张基准已收集了大量甑山的圣训。

1922 年 3 月上旬，张基准问门人姜洪起"若我不在，是否还信道？"又向其接班人柳春来做多方面的嘱咐。1922 年 3 月 22 日，张基准去世，享年 43 岁。

张基准去世之后，柳永善（字士云，号春来）接任其位。柳永善于 1892 年（高宗十八年）4 月 8 日出生在全罗南道高兴郡豆原面金准里。1914 年 3 月，23 岁的柳永善从张基准那里接受了太乙咒。他是在 1920 年阴历四月七日举行的开学致诚仪式上受教的三人之一。1922 年 6 月，柳永善集结信徒拜张基准为道祖，向甑山献上拜香致诚时，坚决拒绝了日本警察入会的要求。

结果，恼火的日本警察开枪打死了一名信徒。此事件经媒体曝光后，普天教的真正院向全社会呼吁召开人权维护大会，声讨日本警察的暴虐，向总督府派代表表示抗议。但是，高兴警察局不顾社会舆论，拘捕 20 余名信徒，并判处 2 年以下、6 个月以上的徒刑。

1931 年 12 月，张基准的门人金化淑在双岩盖了张基准未亡人的私宅并入住。次年 4 月中旬，又构筑玄武经的大亨陈设图坛，并在柳永善的指导下，开始学习玄武经。这一时期所谓的玄武经学习，主要是抄写玄武经里记载的天文阴阳正史到基础栋梁，共十章。然后抄写耳目口鼻开始到玉枢统府的酉，共九章，进行烧祝。因为烧祝的火光冲天，故后人把这一修行又叫做火地震修行。修行时往往会集结二、三十人，但由于警察的严密监视，不能一下子集结在一起，只能六七人一组，从 4 月开始，一直进行到 6 月。在修行的时候一般没有受到警察的干涉，然结束之后，身为道坊主的姜兴基被警察传讯，双岩的道场被查封。

从 1936 年 3 月上旬到 4 月下旬，柳永善共制作了 72 册玄武经，赠送给全国各地的信徒。1939 年 3 月中旬开始，他在金第郡金山面月坪里过了六年隐遁生活。乙酉年迎来解放之后，他到位于金堤郡梧桐村的大儿子化根的家居住。1946 年 3 月中旬他又搬到金堤郡南阳里居住。此时各地的信徒们也开始云集而来。

1965 年 4 月 5 日，柳永善命随从他的徒生李挺等六人修炼七天，并告诫今后以此为标准。1966 年 12 月 3 日，柳永善去世，享年 75 岁。之后，罗承烈（参加 1965 年 4 月 5 日修炼的六人之一）于 1968 年在南阳里新建道坊，并于 1969 年正月 1 日，召集信徒 72 人开始修行。

3）甑山法宗教

甑山法宗教是姜甑山的独生女姜舜任同无极道信徒金炳澈一起创立的甑山教系的一个教团。

（1）行天地事的全州六年

创教主姜舜任（华恩堂）曾多年未得志。1937 年 9 月 17 日，已决定离开人世的她为了与父母告别，来到了全罗北道的裡里木川浦（现益山市）。

据说，她在临死前向父母和天地神明做了最后的祈祷。这时，从天上传来了圣父甑山的声音：我的女儿，怎想了断性命？现领来了一位君子，你要与此人齐心协力，共商大计。混沌当中接连传来的圣父的清晰的声音，既充满了慈爱，又鞭策了懦弱的心。正当梦游般地被圣父的幻影所迷住时，有一位男子向她走过来，询问前后发生的事，然后说自己是岭南人，为实现抱负，寻访各地已十余年，昨夜梦到夫人的遭遇，并认为这绝不是偶然的事情。这个男人正是庆尚北道出身的金炳澈。金炳澈（生于 1905 年 12 月 3 日）是早年追随赵哲济加入无极道修炼的鸠岩正师。

1937 年 11 月的一天夜里，姜舜任忽然听到从空中传来的圣父甑山的声音，赶紧跑到外面向夜空行四拜。结果从天上掉下一个火球，姜舜任用裙子接住火球放在屋子里，正是从这个时候开始创立了教团。

（2）玉景台和长大谷地下圣殿的建造

1941 年 11 月，在全州老松洞献上冬至致诚的那天夜里，姜甑山圣父现身并说道：战争越来越残酷，日本人越来越凶残，速去岭南。

于是，姜舜任于 1943 年 1 月到金城山的一家农家落脚，当年圣父的忌日献上至诚。圣父命道，要尽快建个房子，但房屋结构必须取井字形。这样，同年 10 月 15 日上梁，12 月 26 日竣工正式入住。于是，圣父又命道，替我构筑地下密室。这样完成的地下密室是一个长六间、中间左右各带一间的宽敞的屋子。姜舜任在每间屋子都竖起木柱，最后一间纵横九尺，台子上供奉檀君、甑山、郑夫人的影像，并把它叫做玉景台。

此后，又传来了圣父的指令：要挂太极旗和星条旗，宰牛献至诚之后，把太极旗和星条旗挂在影像后面。这个星条旗当然是美国的国旗。从这里可以看出，为太极旗和星条旗举行公事是 1945 年第二次世界大战结束前二三年完成的。同时，遵照圣父的旨意，把石锅和玄武经放在了影像前。圣父又命道，从今开始，你们去寻找我的体骨。

根据 1944 年 12 月圣父下达的旨意，于 1945 年 1 月 20 日在长大谷开始建筑地下圣殿。2 月把影像移安于长大谷，3 月 2 日献上圣餐。郑夫人（姜甑山的夫人）降临道：你们哭泣百日，周边村庄征兵入伍的痛苦声将响彻天空，但不久情况会变得好起来的，那时你们编个歌唱一唱吧。

果然，1945 年迎来了光复。9 月，圣父说道：我的事与古代圣人不同，通过公事改造天地运行，根据此度数在这个国土上逐渐建设仙境。你们是我事业的继承人，这个国家会成为综合先天时代的所有文明，并开创新文明的中心。因此，世界万国的百姓都会视这个国家为宗主国，那时你们也会成为优等民族。

（3）铜谷圣殿的建立

1947 年 3 月 3 日，圣父命姜舜任要在 4 月 8 日在圣殿立影像举行仪式。姜舜任遵照圣父的旨意，动员所有建筑工地上的信徒，日夜加班加点建设，8 日早上如期举行了影像奉安仪式。

1949 年 10 月圣父命道：这地方败运将来临，要尽快买下栗子地，建新的道场，把这里的建筑也移过去。现在还有 50 多名信徒挖草根延命，况且在铜谷盖建圣殿还不到两年，现在又下令要搬迁到新的地方，即使是神明的指令，也难以向信徒们道告。

1949 年新年致诚时，圣父命道：正月二十日要开基，已进入新年，三四月间肯定有大事发生。即将到来的正月十四日黄昏，要在通往向新居点的乾川修建 12 个桥梁，并在下面放铜钱一枚。同时，在乾川两岸立五彩灯各一个，不久的将来，你们不能路过这里。

姜舜任按圣父的旨意，到新居点献上开基祭，并开始了建设作业。

2 月 15 日早晨，在圣殿摆上圣餐。郑夫人命道：此地非长久安放圣父之躯的地方，要在新居地做到能够永久性安放。

3 月 3 日致诚之后，邀请附近的各个机关官员一起用餐时候，在金山寺讲学的郭凤云来了。80 多岁的郭凤云说，8 年前在金山寺讲院时，有一位甑山教信徒交给我一个包裹，并说这甑山的包裹，要好好保存，之后就再也没有出现。所以一直由我来保存。现把它交给你们，请好好保管。姜舜任和金炳澈接到包裹打开一看，里边有《中和经》1 本和篆字体的书帖，另外，在写有己丑三月三辰庚辰日铜谷舜任信传的匣子里有印章。

2 月 15 日，圣父命道：要在 3 月 15 日举行葬礼。新居点是可以把我与你母亲的体魄永久地安葬的地方。把葬礼叫做葬事，这一天的葬事是天地葬事、地下葬事、天地大葬事。

3 月 15 日举行的葬事仪式上，身穿白色丧服的 60 位信徒分别抬着安放圣父肉身的白丧舆和安放郑夫人玉体的花丧舆走在前面，后面跟着头扎丧巾的数百名信徒，葬事队伍从铜谷一直延伸到新居地点。

1949 年 6 月 24 日，建成了三清殿和天和楼；1952 年 10 月，建了灵台；1953 年 4 月建了太平殿；1954 年 9 月 19 日建了九龙祠和护国祠；1957 年 9 月盖了大灵殿；1958 年 10 月建了天厦殿；1964 年 12 月建了玉景堂。

以上是根据甑山法宗教的公文而整理出来的创教的缘起以及解放以后教团的重建过程。此过程叫做未巳卯丑亥酉的六基础栋梁。其后，甑山法宗教从不对外张扬，坚守自己教团的法统。

4. 民族宗教内部单一系教团的发展

1）圆佛教及光复后教团的发展

在距光复还有五个年头的 1940 年，少太山朴重彬在全罗北道完州郡参礼面水鸡里建设了大农场。他主要着手于兼营果园和畜牧业的新的营农方式，具备了名副其实的产业宗教的面貌。朴重彬把教团的事业目标放在教化、教育、慈善事业上，并扩充逐步推行这一项事业的机关。不仅如此，这又成了打下后来在今天的益山设立圆佛教中央本部的基础的契机。

少太山朴重彬涅槃后，成为宗法师的鼎山宋奎在光复之后，摘下了日本强占后期为应付其镇压活动而临时挂起来的"佛法研究会"的招牌，开始使用早已内定好了的"圆佛教"这一新的教名。

另外，圆佛教把受战争灾害的同胞救护事业、教育事业、韩文普及运动作为建国三大事业，在首尔、裡里、全州、釜山等地设立救护站，接待从海外归国的同胞，向他们提供食品、防疫和医疗服务，并收容那些失去亲人而无依无靠的同胞。同时，圆佛教在德诚女子学校旧址召集归国的学徒兵，组织了旨在建国的思想讲演会。1946 年，开设了唯一学林（现圆光大学校前身），开始了在日本帝国主义统治下未能实现的教育事业。特别是他们意识到国文教育的紧迫性，把各地方的教役者召集到总部，邀请国文学者举办短期培训班，然后让他们回到各自岗位，成为扫盲运动的尖兵。

当时人力、物力资源严重短缺，虽然迎来了解放，但政局还动荡不安。面对这种情况，作为宗教指导者的鼎山还亲自撰写了《建国论》，揭示稳定政局的指导纲领，并为实施其纲领提出了具体的意见。

宋鼎山继承教祖少太山朴重彬的大世界主义志向，并试图要把这种志向首先在韩半岛实现。于是，新的政权诞生以后，他把教团的事业目标重新规定为教化、教育、慈善三个方面。之后，作为教育事业的一个环节，1951 年在原来的唯一学林专业部的基础上，成立了圆光大学校，还设立了圆光男女中高等学校。

1953 年，开设了作为特殊训练机构的东山禅院，加快了人才培养的步伐。作为社会慈善事业的机构，1945 年在首尔设立了孤儿院，1950 年在总部区内设立疗养院和东华医院。接着，1952 年和 1953 年又分别设立了益山疗养院和孤儿院。

出版文化活动方面，1951 年成立了圆光社，编辑并发行了教团的机关报《圆光》。同时，还发行了教材及教养书籍。

1955 年，圆佛教在裡里市成立三昌工社，为区域社会的产业发展和扩大就业做出了贡献。同年，在圆佛教的发祥地灵光修建第 2 次防御堰工事，扩大了堰堤。1958 年，又成立了教科书编撰机构——净化社，完成了各类教材的编写。当时出版的主要教科书有：《大宗经》、《圆佛教礼典》、《圆佛教教史》、《正典》、《圣歌》、《佛祖要经》等。1962 年，宋鼎山讲解三同伦理之后，离开了人世，享年 63 岁。

同年 2 月，继承鼎山宗师的宗统，大山金大举就任宗法师。金大举为继承鼎山的事业，于 1963 年成立了"创教 50 周年纪念事业委员会"。此委员会成立之后，要求对内形成坚实的实力，强调奉献于世界；要继承祖师的遗志，高举"真理是一、世界是一、人类是一、社会是一，开拓吧！一圆世界"的旗帜，召集国内外教徒，召开统一大会。金大山主张，教团的发展方向应为对内增强实力，对外无私奉公。

金大山继任宗法师之后，为了改变教团的面貌，整顿了教团运行机制，扩大了组织。他设立了主要负责全局性教务活动的中央总部，还设立了首位团会、中央教义会、教政委员会及教政院和监察院。

如今，圆佛教拥有 20 余个教区（含海外教区）和 380 余个教堂，还拥有事业机关和教育机关。宗法师是负责教团的代表，首位团会是教团的最高议事机构，中央教义会是教团的议事机构，主要是由在家或出家的教役者们共商教宪修改及预算、结算的机关。教政委员会是教政的决议机关；教政院是教团的中央执行机构，受宗法师之委托，统理和监督各执行部和所属机关和财团；监察院是教团的中央监察机构，受宗法师之委托，全权负责教团的监察工作。

2）更定儒道的大和中兴国事件与二世教主继道先师

更定儒道的统一运动可以说萌芽于日本统治时期，更确切地说，发端于迎新堂的"3·1 万岁事件"。教主迎新堂决心站

在通过祖国的独立和广济苍生而实现世界和平的前列，参加了
"3·1己未独立运动"。他在全罗北道淳昌集贸市场上，向来
往的人群挥舞着太极旗，领喊万岁，被日本警察拘捕，经受一
个星期的牢狱之苦。

　　但是，他意识到仅靠"3·1运动"的方式是无法取得革
命的成功，并确信真正为国家和民族做出一番事业的途径则是
获得新的道，具备新的能力。当然，当时在日本殖民统治下，
国土并非处于分裂的状态，因此，与我们现在所说的统一运动
在性质上有所不同。但是，在迎新堂姜大成教主的思想中，已
经形成了站在和平和道义之理想先锋的位置的确信以及在光复
后建设国家的具体化的设想。

　　解放后的局势，正如迎新堂所说的那样，倭去美来。美军
的进驻极大地改变了韩国社会，把韩国社会卷入到了另一个旋
涡中。作为教主的迎新堂的社会参与活动，正是在解放后得以
具体展开的。为了尽早稳定局势，迎新堂曾向李承晚总统提出
面谈要求，但未能如愿。1954年3月，迎新堂派遣五名弟子
向自由党政府转达"实现世界和平的万古无比之大圣人降临韩
国"的消息时，被警察拘捕并关押一个月。接着同年5月16
日派15名弟子上京，手举旗子，参加亚洲反共大会传达同样
的消息，结果以"损伤国家威信罪"，又被监禁一个月。

　　1954年6月1日，迎新堂指示弟子们早一些吃早餐，或
有重要事情发生。当他们急急忙忙吃早餐时，全罗北道警察局
所属50余名全副武装的警察闯进来，不分青红皂白强迫教主
及元老干部们跪在地上，用棍棒进行长时间的殴打。教主被打
得遍体鳞伤，处于昏迷状态。目击这一惨状的60余名弟子们
实在忍无可忍向警察冲过去。警察一边放空枪，一边把教主等
人带到警察局。十天之后，警察局虽然释放了57名信徒，但

教主和四智礼长等五人仍被拘禁。迎新堂在被拘捕期间，已被严刑逼供，由于病情恶化，虽然被保释出院接受治疗，但病情没有好转，于 1954 年 8 月 16 日离开人世。同时，10 月四智礼长也被释放，但官司仍未结束，直到 1956 年 5 月才被大法院宣告无罪。这一事件被世人称为"大和中兴国事件"。

大和中兴国事件之后，1965 年继道先师开始又制订五项主张，推进在首尔传教的计划。于是 6 月 6 日分散在各区的信徒们同时向首尔市民发放印刷品。更让警察感到惊讶的是，印刷品上出现了所谓的拥共术语（远美苏惠）。于是，警察紧急出动没收印刷品，拘捕散发印刷品的信徒。信徒们也纷纷高喊"檀君创业朝鲜独立万岁"涌向中央政厅。警察拘捕了全员，并分散到各署监禁了起来。

从当时散发的印刷品的内容来看，第一，远美苏惠，和南北民。第二，民族道义，统一独立。第三，攘夷狄风，化民良俗。第四，通万国会，保护险弱。第五，忠孝干城，世界和平。后经调查发现，动机纯粹，无嫌疑，就把金昶锡、韩阳元、吴世默等五名主谋者以违反反共法嫌疑拘留之外，其他人全部释放。

被拘留的人后来被移送到南原警察署，经南原法院的判决同年 8 月全部被释放。但是，更定儒道把这一事件定性为出自于"民族主体性的强调和南北统一以及渴望世界和平的纯粹的动机的举事"。在当时反共法横行的时期揭示了民族宗教的正确发展方向，从这个意义上讲应成为一个里程碑。

其后，更定儒道为了迎合渴望和平统一和民族和解的民族愿望，从宗团的角度做了不懈的努力。作为其社会活动的一个环节，1984 年 3 月 20 日在京畿道波州郡临津阁举行了"南北统一世界和平祈愿大祭"。

　　总之，更定儒道之所以能够积极参与统一运动，是因为有了迎新堂"左右为一身，南北亦兄弟，手拉手解左右人心"（符应经）的早年预示。它所强调的是在左右势力对立、南北分裂的时候，要求牢记民族乃一身。

　　光复之后，从 1946 年开始，迎新堂姜大成道祖把以前为躲避日本人的搜查而埋藏在地下的文稿一一找寻出来，结果发现很多文稿已经腐烂，字迹无法识别。于是，他把自己手抄记录下来的内容加以整理并印刷，教导信徒。他曾预言过光复的日子，主张熟读《海印经》可以避免三灾八难，并在战乱中也可生存。这些说法传布开来之后，一时间很多人慕名而来，有时信徒多达五六十万人。新政府出台之后，迎新堂亲领两名弟子上京拜访总统，企图阻止朝鲜战争的发生，但未能如愿。预言到"6·25 战争"将要爆发的迎新堂，在战争爆发后把总部迁移到南原，1951 年 2 月又搬到金堤郡学堂里，正式挂出了 28 字的教名牌子，告示了教团行政体制的确立。

　　迎新堂制作太极八卦图，挂在本部，又编谱了太极旗建立降仙歌。5 月份开始，他命弟子们向各国总统、大使以及李承晚总统发出邀请，请求面谈，都遭到了拒绝。无奈之下，他把翻印的《海印经》和"泪巾水教理"寄给了美国总统和上下议院的议长以及联合国秘书长。

　　1954 年迎新堂姜大成教祖去世之后，金甲祚继承了道脉。金甲祚于 1933 年 3 月 28 日出生于全罗南道求礼郡光义面烟波里，17 岁加入更定儒道，开始修道。1955 年把总部迁移到现所在地之后，让弟子们分散到智异山等各地山林中修行。

　　金甲祚自己也屡次入山进行百日特别修炼，终于在 1958 年 3 月 24 日成就了道通。成就道通之后，他到各处巡回讲演，展露出非凡的风采。

1958 年 5 月 5 日，他率领曾在白云山一起修道的三名弟子上京时，携带《万民解冤经》和迎新堂著述的《平和文》和《海印经》，沿途散发。1960 年，年仅 27 岁的金甲祚被推举为继道先师。

1961 年 2 月，继道先师在智异山举行百日致诚，著述了三卷本的《纲伦宝鉴》。他召集弟子们进行《纲伦宝鉴》讲解与修炼，同时重建了道祖去世之后荒废的各地方的布德堂，致力于地方的布德活动。1964 年，他与道祖的女儿结婚。1965 年 6 月 6 日，又发动了五百名信徒上京示威事件。

1964 年冬，为了普及更定儒道的思想，传播道义，他组成一至三人为一组的小分队，派到全国各地，拜访知名人士和知识界，散发《海印经》和"泪巾水教理"等印刷品。

Ⅱ. 光复后新教团的创立

1. 大巡真理会

大巡真理会是太极道出身的朴汉庆都典于 1969 年以自己创立的内部组织——正信会为基础创建的教团。在首尔的中谷洞设立教团本部，宣告教团的诞生。教团侍奉姜甑山九天上帝，传承赵哲济道主的法统。进入 1970 年代以后，随着韩国经济的飞跃发展，大巡真理会以首都首尔为据点，以社会底层弱势群体为传教对象，在城市周边地区开展了广泛的传教活动。因此，在很短的时间内迅速成长为教势最大的新宗教团体。同时，他们并没有仅仅停留在传教活动上，还积极参与教育事业和厚生事业，不仅避免了被视作社会动荡时期常常出现的那种以追求末世论为宗旨的宗教团体的发展倾向，相反，发展成为积极参与和投身于社会现实生活的、与时代共呼吸的宗教团体。

与其他的宗教团体不同，大巡真理会得益于创始人朴汉庆的卓越的领导能力和号召力，在不到一代人的时间内，已成为史无前例的快速成长的单一宗团。在这里我们有必要先了解一下朴汉庆都典的生平。

牛堂朴汉庆都典于1917年出生于忠清北道槐山。牛堂这一道号是后日道主所赐予的。据记载，朴汉庆的出生地是位于小白山脉北坡的一个小山村。因此，他并没有受到特别的新文明的熏陶。他是一个诚实、正直的人，只上过书堂和普通学校，但他曾就职于私立学校，做过教师。这表明，他的勤奋和诚实的人品得到了认可。

日本帝国主义统治的后期，朴汉庆曾代替弟弟被日帝征用为苦力，在日本从事苦役，光复后回到祖国加入了太极道，并得到了道主赵哲济的信任。相传，他的品格和阅历成为了赵哲济道主把都典的位置指定于朴汉庆的重要原因。

朴汉庆与那些依赖于启示或神秘体验的宗教领袖们不同，他的卓越的号召力来自他的近代意义上的出众的教团运营能力。自从1969年朴都典在首尔中谷洞设立总部以来，大巡真理会得到飞速的发展，让人们感到惊讶不已。

1）宗团的创立与道场的建立

随着韩半岛的光复而归国的朴汉庆，直接承袭了姜甑山上帝的遗志和赵哲济道主的法统。归国以后，他暂时借宿于邻近家乡的一个亲戚家里。在那里，他偶然遇见了在赵哲济创建的无极道修道的人。朴汉庆从他那里了解到不少关于九天上帝与道主之大巡的宗旨，以此为因缘，朴汉庆加入了无极道。

1954 年，赵道主任命朴汉庆为忠州地区的布监。翌年，他还被任命为首布监一职。1956 年阴历三月，朴汉庆奉道主之命，负责编撰以道的宗旨、宗统、纲领、起源、信条、道人守则、指导体系等为内容的《太极道通鉴》，并以道人代表的资格发刊了告知太极道真谛的文件。

1957 年，道主亲自给朴汉庆赐予牛堂的道号，翌年还任命他为都典。道主在最高干部全体聚集的会议上，将朴汉庆任命为都典，强调朴汉庆是不同于以往的侍奉都典的总都典，并嘱咐他全权负责教团的运营。对此，大巡真理会方面解释道，这是根据"五十年工夫终毕（完成了 50 年的修道）"的度数之要求而完成天地公事的赵道主对将要继承宗统继续完成天地公事的继承人的遗命。当时，赵道主说："我就怕不能遇见真人而劳心焦思，但现在我已经遇到真人了。所以你们不要担忧，专心修道即可。"但是，当时没有人明白他说的是什么意思。

朴都典专心于公事、扩张道势的同时，还对教育事业和救护慈善事业也下了很大工夫。他不但把宗教活动更加活性化，而且重新整理并完善了道的体系。1963 年，太极道依据《社会团体登录令》的要求，正式登记为宗教团体。同年 9 月，正式得到了财团法人的认可。

之后，朴都典对太极道的人员编制进行了改编。但也就是从这个时候开始，教团内部出现了一些对朴都典的抱怨以及不信任都典的权能，不信任宗统继承的人。这些人认为"都典只是对外代表宗团，在内部，都典就是道主将把道统传授于此的人，都典只不过是承接道统的人。因此，所谓的宗统继承是不成立的，都典的神格化行为实质上就是一种违背道之行为"。在这种煽动下，教团内部的骚动不但没有得到解决，反而愈演愈烈。

在这种情况下，朴都典决定离开太极道。他说："既然天意如此，我又怎能奈何得了。无论如何莫让道蒙受耻辱。若让道受辱，那正是德化损伤、背道弃信。即使有一些冤情，也要以忍耐克服。固守正心、正义，就会得到上天的保佑，事必归正。"

1968年，朴都典离开了釜山的太极道。他在巡回全国各地的途中，停留于安养修理山，一边学习，一边责令将要一起共事的道人们重新物色一个新的修道场所。

1969年，朴都典到了首尔中谷洞龙马山，得知这是天藏吉方的风水宝地，就在此地奉安灵台，创立新的宗教团体，谓大巡真理会。

同年4月，开始修建今日的"中谷道场"，次年阴历五月二十四日，举行了灵台奉安致诚仪式。在首尔中谷洞设立道场之后，一时间分散在各地的道人们又重新聚集到了一起。可以说，大巡真理会之所以能够发展为今天的较大规模的宗教团体，其基础正是在这个时候奠定的。

2）教义及其思想

①信仰对象

九天上帝：即"九天应元雷声普化天尊上帝"。正如典经里所描述的"……所有神圣、佛、菩萨等聚集在一起，对九天倾诉和呼吁……（教运1章9节）"那样，九天上帝是位居统理宇宙最高位阶、能够统摄三界、调理乾坤、调炼运化的最高主宰者。"应元"是指不仅是天体，世间森罗万象无不应天命而生。"雷声"是指天令，即人声，雷乃阴阳二气结合所化，天地、动静、天气、地气有升有降，使得万物得以生长变化。"普化"是指宇宙万有皆由天尊造化而成。天尊就是至大至圣的三界至尊。道人们把姜甑山信奉为九天上帝。

玉皇上帝：把甑山侍奉为九天上帝的同时，又把道主赵鼎山侍奉为玉皇上帝。

朴圣上帝：把创立大巡真理会的朴牛堂侍奉为朴圣上帝。甑山、鼎山、牛堂三位上帝被当做信仰对象。虽然上帝的肉身是化现于韩国的自然人，但他们的神格是九天上帝、玉皇上帝、朴圣上帝。

②大巡思想

甑山说："吾降于西天西域大法国天启塔，巡视三界、大巡天下。用三界大权开辟三界，打开仙境救度挣扎于死灭中的苍生。而我在大巡天下时之所以选择这块土地停留于此，就是为了首先救度埋没于惨祸中的弱小民族，替他们解千古之冤。"（权智1章4节）

"给各地的宗徒们巡回、沿布。这就是天地大巡。"

"道主……把大巡的真理讲给众人，其追随者逾200多。"（教运，2章19节）

从上述论述中可以看出，大巡思想内含着三界大巡、开辟公事的思想。

③三界公事

公事是指重新造化天、地、人三界，把三界从破局中救济出来的宗教行为。其行为的根本思想理念就是解冤和相生。因为这些公事最终由三圣上帝完成，因此公事也作为大巡真理会的信仰体系中核心内容而存在。

④教理概要

A. 宗旨

阴阳合德　神人调化

解冤相生　道通真境

B. 信条

四纲领：安心、安身、敬天、修道

三要谛：诚、敬、信

C. 目的

无自欺——精神开辟

地上仙境实现——人间改造

地上天国建设——世界开辟

D. 训诲

勿欺心

言有德

勿结戚

勿弃恩

助他人

E. 经典

经典主要指《典经》（第一版，1974 年 4 月），共 7 篇 17 章 840 节。7 篇是由行录、公事、教运、教法、权智、济生、预示等构成。

F. 咒文

太乙咒：吽哆吽哆　太乙　天上元君　吽哩哆哪都来　吽哩喊哩娑婆啊

祈祷咒：侍天主　造化定　永世不忘　万事知　至气今至　愿为大降

除此之外，还有真法咒、七星咒、道通咒、云长咒、神将咒等。

2. 圣德道

圣德道是于 1952 年在大邱以月根金沃载为道主、以法海都鹤姝为法主而创立的宗教团体。与其他宗教组织和团体相比，圣德教团的成立只有半个世纪，沿革历史较短，但它却以其独特的宗教活动方式受到瞩目。

圣德道最大的特点就是排斥对超越性存在的信仰及其相关的神秘化的色彩，强调寻找天性善灵的天赋之性，主张以实践性修炼和道德性确立为中心的自性信仰。

圣德道于 1960 年登记为社团法人，1986 年成立财团法人。圣德道成为财团之后，得以持续的发展。它创立了圣德大学，开设针对青少年的圣德修炼院等，为履行宗教的社会功能而做出了自己的努力。圣德道把教团最高级位称圣道师，把法位称道宗（现第三代圣道师金周大为代表）。

经典是 1954 年完成的《自性反省圣德明心道德经》，并读诵清静心境的清心咒"无量清静正方心"。

1）基本教理

①圣

圣的原理是儒，它是以儒的精神作为有形存在的人之所以为人的道理，即以实践三纲五伦、仁义礼智信为中心。

②德

德的原理是佛，佛的精神在于寻找构成人的无形心灵的根本的自性自佛。

③道

道的理致是仙，仙意味着破迷信、行悔改、善化改恶的正道，也可以说，它是以善化改恶的教化活动为中心的。

④儒佛仙三教教合法

实践三纲五伦、寻找自性自佛、善化改恶、教化活动是儒佛仙的原理与道理。教合法把这些原理和道理不是作为各自独立的内容解释，而是以三生和的三归一来修道。

儒佛仙有其内在的相互关系。作为赋予大自然一分子的人的三个属性，构成一个统一的和谐体。因此，用三教教合法来指导儒佛仙的实践，其实践性的修炼方法之一就是自性反省。

⑤圆慈思想和万和归一精神

圆慈思想：承袭以博大的胸怀养育万物的天地自然的原理，赐予光明的慈父般的利他自义的爱心。

归一精神：善之为心，义之为行，做到同气一心，则万和归一，为太平盛代。即万物相生相和，归于根本。

2）实践纲领

为了践行修行和道德心，提出了"自性反省、打破迷信、退治文盲、道德精神"等四大纲领。

①自性反省

所谓的自性反省指的是反省自己的品性。反省一词本身就已经包含着反观自己的言行举止，省察是否有道德上的错误之意，因此，自性反省的内容不仅包含着对自身言行方面的错误，而且还含有反省自己内心之过失之意。进而，自性反省的第一步是从反省过去的错误开始的。因为没有任何人在内心上或言行举止上未犯过错误，所以，自性反省之路是任何人，特别是修道人的必经之路。

自性反省的另外一层意义在于，在反省自己错误的过程中找出其原因的悟性，即改正错误的品行，寻找神性，使自己不再犯同样的错误。

如果我们不及时纠正错误的品性，很容易犯同样的错误。犯了之后进行反省，反省之后再犯错误，其结果容易掉入惰性的陷阱。

以诚恳的自性反省痛改前非，悟出善性，从而不使自己犯同样的错误。把过去的污点都清洗掉，找寻善性的本源，用自己的眼睛清楚看到镜子里的身影，这才是自我反省的境地。

因此，修道的人第一步也要从自性反省开始，第二步，第三步，只要有生命就要沿着自性反省的路一直走下去。

②打破迷信

迷信是指自己的心灵被某种东西所迷惑，执著于对亡灵的信念。从宗教和科学的角度来说，就是对亡灵的信念。例如，把偶像神圣化，信赖或祈求于它；或从妄想出发，把特定事看成是禁忌等迷信的态度。

我们应该打破这样的迷信，不仅要打破信赖偶像的迷信，还要走出精神上的迷惑。

"心正则正道，心邪则邪道。"心中有邪就会陷入迷信，心正才能走正道。

③退治文盲

一般来说，扫除文盲就是对那些不识字的人进行教育活动。我们是用文字来记录想法的，从这个意义来看，扫除文盲就是纠正错误的思想，使人们持有明朗的心，礼仪的心。

有一句这样的谚语："能用不识字的人，但不能用无识的人。"虽然说是不识字，但是只要人品出众，便可录用。但是，再怎么有才，如果人品不好，不懂礼仪，则不可重用。

若识字，且修炼品性，懂礼仪的话，可以说是表里如一的优秀的人。

④道德精神

道德是人作为人所应遵守的道理。道德不是人为的，而是天赋的。人类社会不是一个人的社会，而是拥有各种纽带的众人一起生活的共同的社会。而脱离道德之缰绳的行为容易发生碰撞，并在这一过程中，会形成解不开的复杂的恶。但是，若大家都遵守道德的话，就像水和水之间很自然地融合为一体，我们的社会也会成为和平的道德社会。而要构筑能够体现这样的道德社会的基础，则必须仰仗各自恢复的道德精神。

3. 青羽一新会

青羽一新会是延东钦宗典于 1988 年 9 月 21 日在南海岸的大岛——国岛（庆尚南道统营市）创立的民族宗教团体。行政办公所在地位于陆地的庆南统营市山梁邑三德里 444 号。青羽一新会可以说是甑山教派中较晚出现的独立教团。

延东钦宗典在年轻时期开始的修道生活主要是奉承姜甑山九天上帝的大巡天下、天地公事的大义大道，恪守赵鼎山玉皇大帝的教旨、信条、目的，领会儒佛仙的哲理，亲身体验布国安民、辅德天下、广济苍生的宗教活动。过不多久，延东钦的周边也出现了很多追随者。也就是在这个时候，延东钦在国岛扎下了根，这样，国岛便自然而然地成了青羽一新会的根据地。

根据上述历史沿革，目前青羽一新会不仅把姜甑山九天上帝侍奉为道祖并作为信仰对象进行瞻仰，而且他们还把玉皇上帝也侍奉为道主。同时，他们在全国范围内确保 13 个方面组织之后，延东钦宗典也名副其实地被侍奉为宗团代表。这样，在国岛尊立的灵台前，有来自全国各地的信徒们络绎不绝地排着长长的队伍参与修道活动。

另一方面，延东钦意识到，在修道精进中，道是随春夏秋冬的变化而变化的。进而他主张春夏秋冬论和五仙围棋论（五位神仙下棋，其中一位是后天主人）。根据此观点，为了完成新的道，建设地上主国，他在位于韩半岛最南端海上的国岛建立了青羽一新会总部。

这里，我们引用经典里的一段话。

九天上帝与信徒在一起的时候，说到"目前的局势像是五仙围棋，两位神仙下棋，两位神仙指教，一位神仙碍于自己是主人，只好袖手旁观。只要好好接待就尽到了主人的职责。下完围棋后，棋盘和棋子则会归还于主人。古代的汉高祖是在马上得到了天下，而我国则应在座上得天下。"（《经传·预示》，《经传·教云》）

1）创教与国岛

延东钦宗典 1925 年 11 月 21 日出生于忠北怪山。在从事农业劳动的时候，延东钦痛感当时日帝统治下的政治和社会的混乱，便立下了救世济民的雄心大志。他开始对世道人事逐渐地产生了疑问。于是，他在 27 岁的那一年（1951 年），接受了甑山和鼎山两位上帝的真理。此后，他又在太极道、大巡真理会等教团专心修道。据说，57 岁时，延东钦终于得到了上帝的启示。

从 1985 年开始，他周游于清州华藏寺、忠州弥勒寺、水安堡等全国各地进行考察和学习。1988 年，他到达国岛时，意识到这是得到上帝启示的圣地。于是，在国岛南坡险峻的地方找到了一个人迹罕至的石窟，延东钦在那里废寝忘食地一边学习，一边专心祈祷。有一天，他终于感悟上帝的真理并得道，此时为 1988 年阴历十二月十六日，正好是集中修道百天的日子，也是 37 年修道生活的硕果。

延东钦宗典认为"天地治法理根源于一六水，先天的河图与洛书的易理都是从水中获取的"，并讲解道"就像九天上帝早已构思好的版图公事一样，若要到天子所在地，必须将水路与陆路兼而并进"的水陆并进的度数，主张"道形成于一六水和水岛"。同时，根据万物随四季变化的原理，所有的事物都会以新的面貌出现。

因此，青羽一新会的道名也是根据宇宙万物的道理命名的。"青"意味着后天的春，"羽"意味着五仙围棋的五位神仙的同时，也象征着主人神仙，"一新会"则具有与后天仙境同归一体为目的而诞生的大义。

青羽一新会主张所有的道人都应致力于建设相生的世界。为建设地球村和合为一体的地上天国，必须认清道的真理之后进行修道。为此，首先家庭要和睦，其次邻居要和睦，才有可能实现达到道通真经的目的。

青羽一新会的象征性集中在国岛上。青羽一新会的中央本部道场所在的国岛位于庆尚南道统营市欲知面东恒里1412号，处于南海岸的最南面。国岛周长为7里，总面积为30万平方米，从陆地上船行约一个小时。附近的低处有欲知岛、莲花岛、蛇梁岛、头尾岛，国岛位于这些岛屿的中心。

据统营市志，最先使用国岛这一名称的是高丽末期的一位叫薛云的将军。相传，他按照平日所向往的建立仙境般的国家之梦，把此小岛命名为国岛。根据另一种说法，国岛作为东方艮方之顶端的小岛，是治理其他岛屿和大陆的中心，由此被称为国岛。

延东钦于1984年周游全国各地，1988年回岛途中，从船上看到山和地形就认准了此岛。来到此岛，进一步实地确认后，在此地创立了青羽一新会本部。

国岛由奇岩绝壁和峻峭的山坡的两个大山组成，其形态就像是龙凤相互拥抱，犹如以前天象师所称的攀龙附凤。攀龙附凤真正的含义为"跟着有势力的人得功名"。传说，可能与国岛有缘的人来到此，跟随天地主人开辟后天传经。而且，现在灵台安置的地方，恰似凤凰孵卵的形态，故被称为凤巢穴或青鹤抱卵穴。

2）信仰及教义

青羽一新会的教义根植于民族自生宗教的甑山思想，其信仰对象也是甑山上帝，将"九天应元雷声普化天尊姜圣上帝至神至圣圣灵之位"的灵牌奉在国岛的灵台上。

青羽一新会的教义有以下几个宗旨。

①宗旨

阴阳合德、神人调和、解冤相生、道通真境。

②信条

四纲领：安心、安身、敬天、修道

三要体：圣、敬、信

③目的

无自欺、精神开辟、实现地上神仙、人类改造、建设地上天国、开辟世界等。

4．仙佛教

仙佛教是满月道田孙正恩得道以后在忠北永东设总部而开创的、历史较短的民族宗教教团。1983 年，深刻地体会到了人生无常的满月道田，独自修行，决心要把桓雄天皇的本性光明、弘益人间、理化世界的意愿告知于天下。据说，他能悟出此道，与满月道田的能力和佛光仙人的启示和指点分不开。经典包括天符经、三一神诰、参佺戒经、原理在内的《一法》，此经典发行于 2000 年。

1) 创教与佛光道院的开院

1983 年以后开始进入修行精进的孙正恩道田在 1991 年，与几名信徒一起供奉檀君灵像，在忠北永东郡深川面开设了佛光道院。佛光道院是佛光仙人的法力与愿力所在的地方。1999 年 3 月，转移到现在的永东郡阳山面凤谷里。

仙佛教于 1996 年在釜山莲山洞开分院以来，在大丘、釜山、龟尾、京畿道的柏松内、一山，接着 1999 年又在首尔的延禧洞开设分院。这样，其教势不断发展壮大，在进入全北地区时加入民族宗教协议会，成为会员。又在 2002 年设立了财团的法人代表。2003 年 10 月，开天节这一天，在全国 5 大城市进行天祭，对韩民族固有的天文文化与弘益精神的复活以及对韩民族历史的挖掘及普及都起了一定作用。

2) 基本思想与天主

从仙佛教以古代文献《三一神诰》、《天符经》、《参佺戒经》等思想为中心这一点上看，与其他的檀君教派没有什么太大的区别。但是，由于其名谓仙佛教，很多人误以为其有佛教背景。因此，在这里要转载仙佛教的有关资料。

……满月道田悟出了上天的法道后，看到了民族的大运，在为接受使命并修行精进的过程中，得到了佛光仙人的启示而开设了仙佛教总部佛光道院，并开始传道。……佛光仙人是以三神一体的身份来到此地，他是开启韩民族大运的转运师，又是天地神明，是天主。……

据仙佛教教理，它与印度的佛教不同，吾民族起初就有古佛教，古佛教的佛光仙人化身为佛，点化了满月道田。从这一点可以看出古佛教的踪迹。因此，从三神一体的主张可以看出仙佛教桓仁、桓雄、檀君与天地人三才的同归一体思想。

仙佛教信仰中最有特征的是天主信仰。对于韩民族而言，天主是一切，天主最神圣，天主无处不在，因此，何时何地都要真诚地供奉天主。并认为，天主无时无地不关注着我，也最了解我，时刻在吾心中。没有天主做不到的事情，所有的事情通过天主都会顺利完成。还主张，教主就是天主，是制造万物的造化主，是天地的主人，是天地神明，是神圣的佛光神明。他的品性播撒到了人间，本性、神性、佛性、道都成为人与天主一体的桥梁。通过此桥梁，教主将神人、仙人、神佛、佛、道人、天地人、地球人、天主的意念传给信徒。

进而认为，人们通过修行开启上天的品性，这就是本性光明；救济民众，使其有利，因此是弘益人间；弘益人间合与上天世界，即理化世界。此道对于个人乃觉，对于家庭乃教，对于国家乃忠，对于地球乃道也。因此，人们都应一起成为神，一起开辟世界。传授生命的真正的目的，使生命的目的成为常识，开辟这样的世界才是仙佛教的教旨。

5. 韩民族佛教

韩民族佛教于 1979 年 2 月 15 日由全南宝成出身的崔良玉宗典之提案所创立。天光崔良玉（1946 年生）从小开始就经历过神秘的宗教体验，1954 年八岁时在全南昇州郡松光寺范虎和尚的指点下入山，并入门于佛教。

1975 年，一次偶然的机会，回到家的天光在梦中见到了天上弥勒佛，并聆听到"上天分成两部分，玉皇上帝坐着金马车降临此地，并说现在是患难的时代、乱度乱法的世界。我就是天上弥勒佛，这块土地上的弥勒……"的教诲。

韩民族佛教的宗旨是实践大乘佛教的菩萨行，教化众生，致力于华严之止视，以见性成佛为目标。

韩民族佛教的教理是以弥勒尊佛作为本教的尊佛。但从不限制对其他佛像的奉安。信仰的对象是天上弥勒佛和檀君圣祖。教团的经典是《弥勒经》，兼用《天道经》与《法华经》。

韩民族佛教主张供奉和依尊所有的圣人，但须告知天上还有弥勒佛的存在。并认为现有法无法救赎人类末世的恶的世界，只能用天法来救度。真诚供奉檀君圣祖和自己的祖先，尽到自己的本分时，天法才会降临人世，成为人类法，人类法也才会成为天法。

6. 正心会

正心会是牟幸龙天父和朴贵达天母于 1978 年 3 月创立的教团。教团创立初期以天尊会的名义开展活动，后来更名为正心会。总部设在江原道洪川郡南面化田里 116 号。天父牟幸龙于 1934 年 10 月 26 日出生在庆尚南道晋州市侍奉面芳村里的灯巾部落。天母朴贵达于 1949 年 2 月 13 日出生在全罗北道南原。

据说，1974 年深秋，结束了 20 年人间学业的牟幸龙教主，入住天摩山开始了百日祈祷，并经历了冥冥中遇到天尊的神秘体验。

"我是天尊，人世间称之为上帝、玉皇大帝，日后只准称天尊。"同时，被赐予天书两册，后来他才知道这就是名为"上天 12 真法"和"除灵、灵修、荐度"的救济人类的秘法。

其后，牟幸龙教主又完成了 12 年的立神六道和 20 年的成神十天的苦行修道。在修道过程中，从上天获得了"真理之像"和名为天文的上天化现体，又以阴阳被赐予"上天12真法"和"除灵、灵修、荐度"的救济人类的秘法。

上天12真法是一种通过练气、运气练就身心、实现自我的修炼法。除灵、灵修、荐度的修炼法则是一种解脱祖先的灵魂、安置在东山乐园的仪式、即生者回归、死者永生的元心回归的仪式。

在这修炼祷告期间，从上天得到的启示成为了正心会的基本教理，其主要内容包括：上天降临于人世共同开启的三界大役事、人神时代的到来、原始返本、元心回归、创生原理、天手等。

正心会教理的核心是"天日言立"、"生死道"、"有无同生"、"忠孝礼"。天日言立指的是上天降临于人世；生死道指的是超越生与死的根本真理；有无同生指的是森罗万象的存在状况。若悟出此道，尽于忠孝礼时，人世间真正成为天国。可以看出，正心会的教旨体现出了韩半岛自生的"仙"的特征。

正心会的经典有《天经》等。

Ⅲ. 教团的联合运动

1985 年"韩国民族宗教协议会"的创立，在民族宗教运动史上占有极为重要的地位。对于韩国的民族宗教而言，同一宗团的教团的统合，或者与其他教团的联合，是一个非常重要的课题。分裂或派系林立在韩国的传统文化史上都留下了不光彩的印迹。特别是在宗教团体和组织里出现类似的现象，不仅暴露出教团自身的内在矛盾，而且也存在必须承受世俗社会严酷的批评的问题。

东学的创导者崔水云在《东经大全》中提到各自为心的问题，之所以呼吁同归一体，正是因为他目睹了各自为战的末世的社会分裂现象。宗教团体的分派活动和居己排他的错误的风气理当受到严苛的批判。

因此，虽然还没有取得多大的成果，但是在民族宗教内部出现的教团的联合或者统合运动，应当值得肯定，它在民族宗教运动史上具有重要的意义。实际上，甑山教团派系的各个教团和组织所留下的踪迹也是理所当然的事情，正因为如此，在前面介绍甑山派系的宗教活动时只做了简要地叙述。不过光复之后在大田出现了水云教的联合运动。因为考虑到这次联合运动所具有的现实意义，在此首先要对此做一介绍。

1. 水云教与太极之下宗教联合

1948 年春有过一次旨在民族宗教联合的团体活动。在大田水云教教徒潘武禄、赵福成两人牵头，在首尔是以自称白云道师的老人和廉贞夫人为中心，与鸡龙山新都案的黄琪东等联手，在神都组成了宗教联合体。

在此之前，1947 年 4 月以宋元龙、李海英、申贤德等东学徒为中心，在大田曾发起过宗教联合会。接着，易学家李也山、大华教的南宫奎、法相宗的全永东等人，联合侍天教、天佛教、普门宗等 12 个团体，于 1948 年 6 月在首尔，以团结在太极旗下为宗旨，改称为"太极之下宗教联合会"，并正式挂出了牌匾。

水云教教团也意识到加入这一联合体的必要性，因此，其教团的干部和数十名教徒作出了积极的响应，而且一些地方组织的成员也加入了这一联合会。当然，也有一些教徒反对加入联合会。但是，水云教中以现职干部为中心的教徒们积极促进宗教团体的联合。1949 年 2 月，他们与水云教联合会协商之后，决定把宗教联合会总部设在水云教的总部。于是，1949 年 3 月 10 日以"太极旗下圣政统一宗教联合"的名义，在水云教总部举行了揭牌仪式。

这一天，在暴雨中举行揭牌仪式，在水云教兜率天天坛献上了大致诚。参加这次揭牌仪式的教团包括上帝教系的由黄琪东主管的天佛教和在富余一带有名的李达的易学派的无尽太海会，以及其他无所属的许多宗教界人士。

宗教联合运动在水云教本部举行揭牌仪式之后，同年 6 月，以水云教为主要势力在首尔社稷公园聚集了男女教徒 200 余人，在国乐团的伴奏下举行了南北统一祈愿祭。非常巧合的是，正好这一天，自称白云道师的老人离开了人世。之后不久，宗教联合也被解散。

2. 东道教成立始末

"5·16 政变"之后，一律用军律来治理的军人统治者试图把所谓的"国产宗教"合并为一个宗团，并勒令诸多教团摘下牌子。被世间评价为惑世诬民的邪教或类似宗教的一些教团的运行机制方面也不能说没有一点问题。东道教的命运就是这些教团的一个代表性的例子。

针对所谓的"国产宗教"的合并或取缔之措施，为了得到法律保护，必须到当局有关部门去注册，但这不是一件轻易能办到的事情。因此，这些团体组织了一个叫"民族信仰总联盟"的急救性团体，向军事政府的文政课提交了注册申请。

但是，国家重建最高会议文政课拒绝接受总联盟的申请，同时，各个教团各自提交的申请也遭到否决。于是，甑山教大法社的李正立、普化教的金济献、三德教的徐相范、太仁弥勒佛教的金兴洙、普天教的金任权、仙佛教的金炳彻、太极道代表、道学教的崔秀廷、天真教的金德卿、侍天教的金基善、水云教的郑风周、一贯道代表们聚在一起，经过两天的会议讨论，于 1961 年 9 月 12 日在大田文化院结成"东道教"，将总部设在首尔钟路区牵支洞 80 号侍天教教堂，同年 12 月 11 日，正式向文工部注册。

这样，作为诸多派系联合体的东道教刊行了会报——东道教报。根据东道教报，东道教的宗旨是实现辅国安民和建设地上乐园。把这一目的确立为教团内教养体系的是檀君、水云、甑山等教团。1963 年 2 月 9 日，东道教把总部搬迁到金山面双龙里的普化教本部。东道教成立之后，决定每年 4 月 5 日和冬至次日举行会合。但是，经政府调整，先前的管理部门已移转到民政之后，宗教团体注册已成为一张白纸，不予认可。这样，水云教等大部分教团脱离了东道教，只剩下元坪附近的普化教、法宗教、三德教、甑山教大法社等。后来，甑山教大法社也退出了东道教，结果东道教只剩下普化教、三德教、法宗教三个教团。

3. 甑山宗团联谊会

1970 年 2 月，在东道教总会上进行过有关成立"甑山宗团联谊会"的讨论，在此会议上，赞同成立的教徒们，同刚刚组建甑山天师真理研究会的普天教的邱亨锡、金观善，法宗教的金鲁泽、李奉基，甑山教（大法社）的裴东赞、朴耆伯、郑惠天等人，聚集在法宗教进一步商讨并决定成立甑山宗团联谊会。次年 1 月，各个教团的代表 90 余人在普天教会议室正式成立了甑山宗团联谊会。

会议决定，由朴耆伯任会长，李钟浩、裴东赞任副会长，金槿下、宋六五、宋相镇、成周哲、徐良述、金甲真、李顺万任顾问，邱亨锡任教理研究委员长，裴容德任副委员长，朴钟禹任监督委员长，姜范奎任副委员长，洪凡草任总务部长兼教化部长，柳海泉任妇女部长。

成立甑山宗团联谊会的动机，主要是因为东道教不能成为能够代表甑山教系的各个教团的联合体，不可能起到增进各个教团之间的友谊的很好的推动作用。甑山宗团联谊会于 1971 年 3 月 1 日在位于全州东西学洞的关圣庙召开第一次总会，决定 3 月 23 日在关圣庙召开第一届法文（玄武经）分组委员会和 8 月 8 日在井邑草山洞召开第二次法文分组委员会。

同年八月四日（阴历），召开第二次总会暨《甑山宗团概论》（洪凡草著）出版纪念会。十一月三日（阴历）又召开会议，决定将"甑山宗团联谊会"更名为"甑山宗团协会"，并修改协会章程以及组织机构。

4. 甑山宗团协会

1971 年十一月三日，"甑山联谊会"更名为"甑山宗团协会"之后，大会又选举产生了新一届协会会长、副会长名单以及各分组委员会的负责人名单。甑山宗团协会的会长由李时渡担任，郑琪铉、裴容德、金永完担任副会长，宗务院长和副院长分别由金槿下、黄寿赞担任。事务局长是姜凤圭，次长是文靖皓，布德委员长是朴耆伯，副委员长是尹沂善，财政委员长是裴东赞，副委员长是姜德中，女性委员会会长是郑惠天，监察委员长是朴钟卨，企划委员长兼教化部长是洪凡草。

1972 年 1 月惊蛰节，在全州关圣庙召开甑山宗团协会委员会，讨论协会登记为社团法人的问题以及同年 4 月召开甑山宗团协会第一次总会等事宜。在召开协会第一次总会时，还举行了向包括檀君在内的诸圣贤及神灵联合献上致诚的仪式。甑山宗团协会在 1972 年 5 月还出版发行了由朴钟卨编辑的甑山宗团画册、洪凡草撰写的《相生 2 号》。

5. 甑山宗团统一会

甑山宗团协会会长李时泼在访问所属几个教团之后，于 1972 年 2 月发布了有关成立甑山宗团统一筹备委员会的提案书。之后，在法宗教本部召开了第一次预备会议（1972 年 12 月 25—27 日），参加的教团有普天教、法宗教、甑山教（大法社）、太极道、人道教、大韩佛教弥勒宗、客望理教、甑山真法会、金刚道、顺天教等。

这次会议选举产生了筹备委员会组织机构，李时泼任委员长，赵永来、徐隆权任副委员长，洪凡草任干事，金春岛负责总务，并决定于 1973 年 1 月 17 日在釜山太极道本部召开会议商议创立甑山宗团统一会的准备事项。第二次预备会议从 1973 年 2 月 11 日至 12 日在法宗教本部举行。

在太极道准备的章程是以社团法人为前提的条款，因此，出现了此章程有别于委员会委任给太极道事项的争议。但对于教主的称号问题，大家协商并基本同意为甑山大圣。1973 年 3 月 10 日召开的第三次预备会议上主要讨论了法定教书（制定会则的概要）事宜。1973 年 4 月 1 日在法宗教本部召开的第四次预备会议上，讨论并通过了成立总会大会的所有事宜。

　　1973 年 4 月 29 日，召开了"甑山宗团统一会"成立大会。参加成立大会的教团有法宗教、顺天教、无学教、无乙教（朴东或系）、弥勒佛信奉会（崔善五系）、济化教、龙华寺（金槿下系）、甑山教（大法社）、普天教、人道教、甑山真法会等。

　　大会选举产生了新一届组织机构和人员名单。

　　会长：李烜雨

　　副会长：裴东赞、李时泼、刘永瑞、裴容德、姜德中

　　事务局长：金大洙

　　总务部长：金春岛

　　财政部长：安阳远

　　教化部长：金康洙

　　社会部长：金义宙

　　宣传部长：丁大午

　　女性部长：郑惠天

　　青年部长：金庆基

　　洪凡草任甑山教（大法社）宗务委员。

　　甑山宗团统一会于 1973 年 11 月召开会议，决定凡是加入甑山宗团统一会的教团一律挂统一牌匾。

　　1973 年 11 月 10 日甑山的养子姜京衡强行打开供奉在法宗教的圣庙院的大门，企图把甑山的牌位取走。在提交到法庭诉讼时，法宗教以甑山宗团统一会的名义把上述事实通报给各个教团，并在 11 月 18 日召开甑山宗团统一会临时宗务委员会，决定把圣骨继续供奉在法宗教。

　　李烜雨会长在甑山宗团统一会成立一周年之际，于 1974 年 4 月 19 日召开会议，商讨旨在为那些没有加入到宗团统一

会的教团也能够参加统一会活动提供便利的有关统一会名的更改、统一会总部的迁移、体制的改革等事宜。

正是在这次会议上，解散了甑山宗团统一会，组建了成立"甑山宗团联合会"的筹备委员会。第一次参加该会议的教团有大巡真理会、三德教、普化教。

6. 甑山宗团联合会

1974年4月19日在解散甑山宗团统一会之后，为成立"甑山宗团联合会"组成了七人筹备委员会，徐丙玖担任委员长。"甑山宗团联合会"筹委会于4月26—27日在法宗教本部召开第一次工作会议讨论有关筹备事宜，并决定第二次工作会议于6月在大巡真理会总部举行。根据两次筹备工作会议上讨论的内容，同年12月14日在三德教总部召开了成立甑山宗团联合会的第一次筹备会议。

1975年1月8日，在甑山教总部召开了甑山宗团联合会第一次预备会议，第二天，即1月19日，在法宗教总部召开了"甑山宗团联合会"成立大会。参加成立大会的教团有法宗教、普化教、三德教、普天教、顺天教、母岳教、戊乙教、金刚道、甑山一和界、甑山教（大法社）、人道教、甑山真法会等。

联合会组织机构及人员名单如下：

会长：徐丙玖

副会长：裴东赞、李时泼、金大洙、裴容德、姜德中

宗务院副院长：张弘文、金熙成

布德委员长：朴耆伯

财政委员长：金承礼

查定委员长：朴主熙

礼典委员长：李德元

仪典部长：尹沂善

总务部长：许奉

事务局长：金春道

社会福祉部长：孙东岛

名誉教理委员长兼教化部长：洪凡草

1975 年 5 月 25 日，甑山宗团联合会邀请前文教部长官安浩相博士，召开辅国安民誓师大会，明确了加入甑山宗团联合会的诸教团对国家安保责任的决议。1977 年 5 月 15 日，创立联合会 2 周年纪念日到来之际，甑山宗团联合会召开了总会，选举产生了第二届委员会。徐丙玖再次当选为会长。

Ⅳ. 教团的社会活动

救世主义是宗教教团与其他世俗的集团相区别的根本特性，离开救世就无从谈论宗教。无论是个人还是团体，他们信仰的动机都在于救世。

当然，一般而言，救世主义仅与个人的灵魂领域相关，但是因为人的社会属性，宗教不可避免地考虑拯救社会、民族或国家的问题。大倧教和天道教之所以能在日帝统治时期进行与独立运动相关联的流血斗争，大小宗教团体能在日帝的残酷镇压和拉拢下继续坚持自己的信仰，都是因为教徒们拥有宁愿抛弃拯救自我而选择去拯救水深火热之中的民族的信念。可如今不同于过去，已不再是被其他民族或国家统治的奴隶，不用为国家主权奔走。但是，从根本上来讲，整个社会没有什么太大的变化。某种意义上讲，这个时代炮制出来的社会病理现象更为深刻，所以应该说，唯有宗教的利他性宽容和道德性自律才能够纠正这充满颓废和放纵的社会。

民族宗教也不能不顾这个时代性任务，今天民族宗教所开展的教育、厚生福利事业和生产与勤俭节约活动及道义宣扬运动，都是带头拯救社会的活动。下面介绍民族宗教的活动情况。

1. 坚持开展民族魂运动与人类相生和平运动

今天赋予韩民族这一代的不可抗拒的课题就是早日实现民族和平统一之大业。但是，这个统一大业不仅仅是一个民族的事情，而且还同人类和平息息相关。从这个意义上，可以把民族宗教界自 2003 年开始作为泛民族运动而展开的"坚守民族魂运动（现改称复苏民族魂运动）"理解为既是奠定统一基业的新的层面的 21 世纪民族运动，同时也是人类和平运动。

从现实上来看，民族问题和人类问题正如车之两轮，是一个特殊性和普遍性的关系问题。如果说，民族问题是特殊性的话，那么人类问题可以说是普遍性的问题，两者是不能分离的统一体。这也是民族宗教协议会同时促进传统精神文化运动和人类相生和平运动之使然。

2003 年 4 月 25 日，为了开展传统精神文化运动，韩国民族宗教协议会正式成立了"坚守民族魂国民运动本部"（共同代表议长韩阳元）。成立大会上通过的传统精神文化实践宪章内容如下。

第一，我们继承崇高的民族传统精神，创建道德的理想社会。

第二，我们把生命与人类的尊严告知于国民，创建兄弟般关爱邻里的相生文化。

第三，我们固守民族魂以提高民族的主体性，谋求和平原则上的民族和解，争当统一运动之先锋。

第四，我们为了迎接天、地、人皆为崭新的开辟世界，致力于诚敬信。

同时，2003 年 11 月 21 日在韩国奥林匹克公园内的柔道馆召开的和平宣言大会上，韩国民族宗教协议会又公布了"人类相生和平宣言书"。在宣言书中，协议会把相生与和平的共同体社会作为所有民族宗教应指向的共同的目标而揭示出来。为了实现这一目标，协议会宣言如下。

第一，我们清算对立和纠纷的相克社会，实现和解和共存的相生社会。

第二，我们自觉到人和自然是有机的生命体，构筑天地人和谐的世界。

第三，我们反对任何名分的战争，并通过非暴力的、利他性的和平运动强化人类社会的连带运动。

第四，我们将全力协助学校和家庭，使之成为实现"相生与和平共同体社会"的教育场所。

今后，协议会运动方向体现在"传统精神文化实践宪章"和"人类相生（互利）和平宣言书"的具体实践上。

2. 大倧教与崇奉国祖运动

檀君一直受韩国人崇奉，而且韩国根据第一代文教部长官安浩相博士的提议，定开天节为国庆日，所以有必要考察一下檀君信仰的意义。

在四大国庆日中，"三一节"、"制宪节"、"光复节"都是因日本殖民统治而产生的，只有"开天节"才是传承数千年的民族传统节日。

现在，我们还没来得及反省过去，却又出现了社会的西化现象，过分地倾向于西欧文化，沉浸于西洋思想，这样一来很难确立自己的本体性。应该说，这个问题是每一个韩国人都需要反省的事情。从这个意义上看，可以说崇奉国祖的思想有着举足轻重的价值，而这个价值比它本身具有的神话价值还要重要得多。

这样看来，民族宗教的作用是不可低估的。特别是信仰国祖檀君的大倧教，在日帝统治时期所做的贡献并不逊色于武装独立斗争。大倧教的势力虽然在光复后，特别是在"6·25战争"以后逐渐变弱，但是宣扬崇奉国祖思想的社会影响力却颇大。

1960年9月，姜龙九、郑天宇、申哲浩、吴德根、姜成模等人举行商议，为了在首尔市中心立檀君铜像以向市民及参观者宣扬崇奉国祖的观念，组织了"檀君奉皇会"，政界要职人员和国会人员及著名人士也参与了进来。但是，正要大举推进之际，爆发了"5·16军事政变"而受挫，可这次运动播下了崇奉国祖运动的种子。

大倧教播下的种子在社会各地萌芽。其中的一例就是1984年年末在黑暗的韩国社会一本小说感动了韩国人。这本小说就是金正彬的《丹》。它像暴风骤雨，把被殖民史观、半岛史观、权威主义所麻痹的韩民族推向历史舞台的中心，使民众感激万分。小说对民族史作了新的揭示，而且还向世人公开了不可思议的仙道世界的奥妙，为韩国社会打造出了"丹文化"。这部小说的主人公羽鹤道人就是大倧教的风宇权泰勋总传教，他于1982年上任。托《丹》之福，大倧教和权泰勋的讲堂总是人山人海。这足以说明韩国社会已开始有所改变。

还有立檀君像运动，这个运动是一个叫"弘益文化运动联合"的民间团体于1998年（檀纪4331年）开展的。他们主张把檀君和弘益人间思想作为整治现今的民族问题和社会问题的中心环节，为恢复民族精神，恢复孝的精神，也为民族统一而开展建立檀君像运动。

自1998年11月，从庆南密阳市东岗中学开始到1999年11月大田市泰奉小学，全国共建立了369座"统一祈愿国祖檀君像"。后来，檀君像被毁坏问题又成为社会问题，于是这个团体就发表声明不再立檀君像。

当时，基督教教团协议会发表声明称：在公共场所设立一个宗派的宗教设施——檀君像的行为违反了宪法第20条1、2款关于"宗教自由与否认国教的规定"，还指责建立神话故事中的人物像并让大众崇拜的罪恶会惹来上帝的惩罚，是给国民和青少年注入不正确的历史观等歪曲历史的愚昧的行为。

其实，解放以来基督教一直反对立檀君铜像。李承晚总统时期，曾计划在庆南密阳建立檀君圣殿，但因基督教人的反对而失败。朴正熙总统时期，曾确定于1963年春在首尔南山立檀君铜像，也没能实现。20世纪60年代中叶，已故小说家金八峰等人曾在首尔市三青公园里要以"开天宫"之名建立檀君圣殿，并已确定地址，但后来也没有结果。还有，1985年在86、88两大国际大会前，首尔决定扩建并翻修坐落在社稷公园里的既旧又小的檀君圣殿和社稷坛，对此基督教教团建议中断其计划，而宪政会等全国的民族运动团体则为宣扬民族自主精神支持圣殿的建立。受到刺激的部分基督教人在各教会里举行彻夜祈祷、联合礼拜、签名活动、游行等活动强烈反对建立檀君圣殿。无奈之下，首尔市政府全面取消了该计划。

官方对立檀君铜像之事的态度，可以举出李汉东国务总理的发言。李汉东声明："国立、公立学校立檀君铜像并没有侵害宗教自由。既然我们认定檀君是我们的祖先，那么国立、公立学校立檀君铜像做教育资料，不能看做是侵害了宗教的自由。"这是1999年李汉东对弘益文化运动联合提出的质疑所做的公开答复。

就这样，时至今日分散在全国各地的数百个檀君祀宇和檀君圣像仍然是部分基督教界人士批判的对象，但是包括大倧教在内的民族宗教界和民族运动团体，以国祖檀君为中心，发动确保韩国人的整体性的运动逐渐确立，这是值得庆幸的。

与此同时，北朝鲜也改建平壤的檀君陵，肯定檀君的历史，为南北之间求同存异开通了唯一的通路。这给将来的民族统一运动带来了希望。这样的民族统一运动毕竟是历史性大义，所以相信在不远的将来，反对崇奉国祖的基督教界也会共同参与进来的。

3. 道义宣扬运动

道义宣扬运动始终是宗教教团最为积极从事的部分，民族宗教更是如此。尤其对民族宗教来说，道义宣扬运动几乎是它独一无二的活动领域。首先，如果重新对道义下定义的话，那么，应该说它是源于传统伦理思想的行为规范。

但是，包括基督教在内的源于西欧的宗教则把关注的焦点放在社会定义、现代社会的人际关系、社会不平等问题、政治自由等问题上。所以，在20世纪80年代的民主化运动时期，基督教表现出了并不亚于大学生的战斗力。其实，我们所理解的传统道德或道义，与这种社会伦理多少存在一定的差异。

　　传统道德精神，总是基于心境伦理而产生的，只有以启发人的本性的方法，才能接近这个悟性的领域，所以绝对不能忽略它的作用。特别是更定儒道和圣德道等民族宗教教团自始至终独自或联合开展道义宣扬运动。这是非常鼓舞人心的。1966年创刊的《道义报》，坚持发行了6年（由韩重焕领导主编，韩重焕即现韩国民族宗教协议会韩阳元会长的原名），对社会的影响颇大。

　　最近，民族宗教协议会借助诸多教团的支持，已把道义宣扬运动扩展到了具有全国规模的市民运动——"传统精神文化全国巡回讲演会"。下面介绍各教团在过去几年所进行的道义宣扬运动。

1) 更定儒道的道义宣扬运动

　　27岁走马上任更定儒道教祖的继道先师，不仅著《纲伦宝鉴》来教育弟子，而且1960年以后又通过多次在首尔中心地带游行或开展教团事业等方式来致力于传统道义宣扬运动。更定儒道强调衣冠整洁等平常生活中的实践伦理，以身作则强调道义宣扬的重要性。1985年春，更定儒道为宣扬道义和恢复伦理举行学术演讲会，这是道义运动直接针对社会的有意义的运动。

　　在此次讲演会上，由赵擎（前大韩民国临时政府国务委员、独立运动家）致激励辞，由柳正基（原忠南大学教授）、崔根德（原成均馆大学教授、现任成均馆馆长）发表主题演讲。

　　柳正基教授认为，"数千年来，西欧人一直往前进步，现在已经构筑了可以征服月球的伟大的物质文明，而东洋人却一直倒退，现已倒退到了摧残自己文字、破坏传统精神文化的地步"，并认为"主张废止汉字的举措导致了今天的精神文明的退步"。

接着，崔根德教授阐述了"儒教现代化的四个原则"，即儒教的宗教化、儒教的孔孟化、儒教的韩国化、儒教的大众化。崔教授主张区别于中国的汉唐儒教、宋明儒教的韩国儒教而引人关注。崔教授认为所谓的韩国儒教，就是指新罗儒教、高丽儒教和朝鲜儒教，延续 2000 多年的韩国儒教已融入了韩国的独创性。

此次运动过后，1995 年 4 月 24 日更定儒道再次上京开展道德性恢复运动。当日上午 11 点，300 余名更定儒道人从明洞入口出发在明洞一带和乙支路、钟路一带游行，并散发了30 万张关于道德性恢复运动的《致国民的号召文》。此举大受首尔市民的欢迎，各媒体也广泛报道此事。特别是，明洞教会的崔昌茂主教及全国信徒会长、数十名神父都到教会门口迎接更定儒道人，请他们到教堂内。由崔昌茂主教致欢迎辞，更定儒道代表致答辞。还有，大韩佛教曹溪宗本寺曹溪寺的宋月珠总务院长等全体干部都到曹溪寺路边迎接更定儒道人，并由宋月珠总务院长致欢迎辞。这些举动，都表现出了各界的关注程度。

当天的道德性恢复学术发表会上发表的论文有：首尔大学尹以钦教授的《民族宗教与韩国社会的发展》、高丽大学卢吉明教授的《对近代民族史的更定儒道的对应》、圆光大学金洪喆教授的《更定儒道的世界建设新理念与方向》等。

2）圣德道的道义宣扬运动

（1）对内讲座

圣德道创道以来，为宣扬道德精神和精神修炼，每周一至

周六晚课和星期天（祭圣日）上午举办相关讲座（全国 118 个
教化院及自治院），轮流进行一般教育、干部教育及活动教育、
特别教育等。

（2）对外活动

〈社会讲座〉

1958 年 3 月以来，圣德道以全国劳教所及青少年在监者、
军队将兵、行政机关职员、各级学校教师及学生、各种社会团
体成员及职员、普通市民等为对象开展了道义宣扬运动。他们
举行了 2500 多次演讲、广播、讲课等，听众累计达 260 余万
人。还有到圣德修道院进修的各企业、社会团体成员达 3 万
余人。

〈青少年讲座〉

①利用假期，对青少年进行陶冶人格和修炼身心的修炼讲
座，每年举办两期，目前已举行了 51 期，累计有 2 万余大中
小学生参加。

②在各级学校开展能使青少年树立道德价值观、自省、进
取、陶冶情操的共同体训练，已有 3 万多大中小学生参加。

4. 生产及勤俭节约运动

提到民族宗教中生产活动的榜样，还得举全南灵光少太山
朴重彬的佛法研究会（圆佛教前身）。进入 20 世纪后，民族宗
教教团的存在方式大体都采取宗教共同体的形态。无极道（太
极道的前身）的赵哲济道主因过激地推进劳作运动，曾经一度
被列为日帝当局的镇压对象。圆佛教的劳作运动达到了通过劳
动达到修炼的目的，也坚定了信仰。

1）圆佛教的开荒事业

圆佛教的劳作运动，继上面所提到的开荒事业后，在日帝统治末期还在完州经营农场而载入了教团的史册。值得关注的是，圆佛教的这种生产活动大部分都是与土地相关联的农业经营，这是它的活动特征。

少太山朴重彬洞察当时的社会现象和人类的未来，标榜"物质开辟、精神开辟"的标语，开始了拯救被物质文明牵着鼻子走的人类精神的宗教运动。接着，他的九个弟子，作为教团创立和社会改革的第一步，于1917年组织了储蓄组合，开展了废除虚礼、打破迷信、禁酒断烟、勤俭储蓄运动。1918年，他们用这个组合积攒下来的资金，在灵光着手开展开荒事业。没有什么工具，空手开始的开荒运动，既为教团的创立增强了精神力量，也唤起了民众对生活的热情。并且，开荒事业的成功，不仅为教团的发展奠定了经济基础，还给附近贫苦的居民分了耕地，扩大了生产。开荒期间，他们利用夜晚时间，继续人格修炼来体现灵肉双全的理念，待1919年开荒结束后，还举行了牢固无我奉公的公益精神的特别祈祷，即"法认祈祷"。

1945年，圆佛教在迎接光复之际，在裡里站和首尔站开设"归还战灾同胞救护所"，救护受战争灾难的同胞。1956年基于勤俭节约、无私奉公的创立精神，在灵光的圣地贞观坪修了防灾堰。1934年，又开设普和堂，并一直扩充事业，相继开办了制药社及韩医院等，为今日的医疗事业奠定了基础。还开办了莞岛农院建筑事业部、食品事业部等，来充实灵肉双全与生活宗教的本质特性。

可是，在制造业上则没有什么成就。因为制造业的成败与制造技术、市场经营技巧，还有资金实力息息相关。但是到20世纪中叶为止，韩国对资本主义体制还很陌生，更何况在地方，那就更不用说了。实际上，普天教在井邑试图以织物类制造业为中心来经营教团，但还是失败了。这说明制造业对当时的韩国来说，还是为时尚早。

圆佛教之所以能够取得成功，原因在于他们没有急于求成，而是以修炼的姿态参加劳作。他们在日帝统治时期的开荒事业的成功，为今天在社会各界活跃的生产活动打下了坚实的基础。

2）水云教的生产活动

水云教教主出龙子平时强调朴素衣物的普及、编草鞋、勤俭节约等生活习惯，水云教的生产活动源自教主的这种勤俭节约生活。

水云教本部的第一项生产活动是袜子工厂的经营。袜子工厂始建于1930年年初，由平安南道成川人士金齐善等教人创办，曾经有100个教人家庭从事生产袜子和手套等。

"6·25"后，开始出现织物工厂，一姓李的黄海道教人起了主导作用。在1983年韩国防部的620事业（居民强制移住）之前，有300余家庭编织了做被子用的织物。水云教本部局内的楸木里1区、3区的居民都从事织造业，平均每个家庭使用3—10台织造机。第一个使用动力机器的教人是李夏植。织造业于20世纪60年代和70年代最为繁荣，其中"炭洞绵丝布"被全国布匹商公认为一等产品。

5. 教育事业

近代民族教育是由天道教和大倧教完成的，而在现代教育事业方面圆佛教的贡献最为显赫。圆佛教在地方经营了全国有名的大学，还创建各级附属的教育机构，培养了很多人才。现在，民族宗教教团经营的大学有圆佛教的圆光大学、大巡真理会的大真大学、圣德道的圣德大学等。教团内的学院有天道教的综合大学院、由天道教元老教役经营的釜山艺术大学、东川高中等。还有更定儒道经营的全国各地的私塾。这些都使人体会到教育的真正意义。

1）大倧教的民族教育

1911 年，弘岩把檀崖尹世复派到满洲，檀崖在那里开设施教堂并创办了东昌学校，可以说是民族教育的嚆矢。接着，1914 年白山学校、新兴武官学校、大倧学院等 20 余所学校先后被创立。

光复后，回到韩国首尔的大倧教为了扶正被日帝的殖民教育腐朽了的民族精神，创建了弘益大学、国学大学、檀国大学、新兴大学等大学。后来国学大学被高丽大学合并，新兴大学则是现在的庆熙大学的前身。1966 年，经大倧高等公民学校认可，重新开办了大倧学院，到第 16 期为止，共计培养了800 名毕业生。

2）天道教的女性教育

一开始，天道教对经营困难的教育机构实施财政资助，后来接管了濒于崩溃的宝城专门学校（高丽大学的前身）、同德女学校（同德女子大学的前身）。

在日帝统治时代，天道教的女性教育受到了孙义岩的关心。他创建并经营了东德女学校、阳德女学校、明新女学校等，还在地方建立多所学校（清州宗学学校、安东凤杨义塾、全州仓洞学校等），致力于民族的教育事业。

天道教宗学大学院的设立目的是，根据《韩国教育法》第18条规定的大学教育和天道教的理念，为培养专门的天道教教役人员，进行集中研究和再教育。其课程有研究课程、函授课程、特殊课程。研究课程是教育终身从事天道教的教役人员的课程，学期为2年，2004年开讲。函授课程是为教人及对有意成为东学天道教的教理和教师的一般人而开设的。该课程可以使学员摆脱时空约束，通过各种方式接受远程教育而保持教人的资质。特殊课程则是非定期课程。

3）圆佛教的教育事业

圆佛教的教育事业，首先应该从位于全罗北道裡里（益山）市新龙洞的圆光大学的教育事业谈起。圆佛教事业的三大目标是"教化、教育、慈善"，教育是其中一环。1946年9月，财团法人圆佛教中央总部为培养德智兼修、实践道义的圆满而有能的人才，作为唯一学林而创办了这所大学。1951年9月被认可为圆光初级大学，其第一任校长是朴吉真，教学专科录取了100人。1953年1月被改制为4年制正规大学，即圆光大学，新开设了国文专业，第二年又新设了法学专业，1955年3月第一批毕业生28人毕业。1958年11月在全州、1959年11月在群山创设了夜大，1962年2月开设了圆光初级大学。1965年取缔了初级大学，1967年设立了大学院。1972年12月改组为综合大学，由朴吉真担任第一代校长，设有文理科系、法经系、药学系、师范系等4个专科，有1560名学生。1972年又新设了大学院博士点，1981年3月新设教育大学院。1982年10月新设了医科系，并把法经大学分为法科系、经营系、社会科学系。1983年新设了美术系；1987年新设了产业大学院；1988年设立了行政大学院。

还有培养从教人员的灵山圆佛教大学，于1997年在过去的灵山学院的基础上建立起，位于少太山教祖诞生、求道、成道后开展首次布教活动的灵光吉龙里。设立理念为圆佛教少太山教祖的思想和救世理念。

4）水云教的教育事业

20世纪30年代初，水云教教主出龙子为使弟子们受到最起码的教育，在其本部的道场内设立了"普文学院"。他说"韩语将会成为世界语言"，并强调学习国语的重要性。他们收容没能按时学习的教人和上学有困难的儿童，对其进行简易讲授普通学校程度的国语知识，到解放前为止，有100名毕业生，讲师由水云教教役人员朴基术、文桂东、卢齐信等担任。

解放后，普文学院成为了锦峰小学的分校，叫锦屏公民学校。4年级为止在锦屏公民学校学习，5年级开始到小学学习。每年培养出30人，水云教的教人子女也和周边儿童一起学习，讲师由李凤镐、崔昌珍等教人担任。

5）更定儒道的书院教育

最近，某一位教育学家建议学校公共教育应采用书院式教育方式。在韩国，书院教育有着悠久的历史，但到了现代以后很难见到书院。现在因书院而出名的地方有智异山青鹤洞。传说，青鹤洞是神仙驾青鹤游玩的地上仙境，犹如中国的世外桃源，是跟尘世无关的人生活的天下名胜。所以，韩国人历来把青鹤洞看成人间最理想的境地。

青鹤洞广为人知是从"6·25"以后更定儒道道人到青鹤洞（当时的青岩面鹤洞里一带）入山修道开始的。更定儒道道人结发髻、系辫带、穿传统韩服生活，所以，他们的日常生活本身就成了一项教育。现在，全国以更定儒道人为中心经营的书院有 70 家左右。现在的书院除了进行过去的单纯汉字教育之外，同时还进行礼仪教育、人性教育、书法教育等。现在，常住青鹤洞并接受纯粹的书院式教育的学童有 50 余人（高敞书院有 30 多人、南原书院有 10 多人、青鹤书院有 10 多人），京畿道道立书院里也有 10 多位学童。当然，问题在于当局还不承认他们的学历。

还有利用假期或特殊活动时间前来学习的首尔等大城市的学生也逐渐增多。利用特殊活动来学习的学生主要由学校班主任带领。青鹤洞礼仪进修院可容纳 700 余人，釜山蒙养堂书堂拥有可容纳 1200 人的大型教育场所。这说明来这些地方求学的中小学生越来越多。以南原书院为中心，全国 68 家书院每年培育出 5 万名左右的结业生。这是耐人寻味的事情。可以说，他们的对策教育是闻名遐迩的。

2003 年 12 月，被更定儒道记录在案的全国 68 家书院及学问学堂的经营情况如下。其中包括京畿道道立书院等注册法人书院。

＊全罗北道地区：南原书堂、孔安书堂、瑞德书堂、道林书堂、高敞书堂等 13 家

＊光州全南地区：愚峰书艺学院、南炅书艺学院、青鹤汉文书艺学堂、青鹤汉文书堂等 12 家

＊釜山庆南地区：青鹤洞书堂、青鹤洞礼节研修院、高牧堂书堂、明伦学堂、明心书堂、青鹤书堂、栗谷书院、蒙养堂、髻带书院、辫带书院等 24 家

＊大田忠清地区：回文书堂、青鹤书堂、紫阳书堂、道令书堂等 13 家

＊首尔京畿地区：道立书堂、瑞凤书堂等 6 家

6）大巡真理会的教育事业

　　教育事业是大巡真理会朴汉庆都典在社会活动领域最为关心的内容。他认为，教育事业包括学校教育、家庭教育、社会教育，因此，应该按照严格计划循序渐进。1976 年成立了大巡奖学会，每年分两次给中、高、大学生颁发奖学金。1984 年成立了学校法人大真学院，从宗教团体的角度实施普通高等教育和专门教育，成为培养人才的摇篮。

　　1984 年 11 月在首尔下溪洞成立了大真高等学校，第二年 3 月招收第一批学生；1988 年在首尔中溪洞成立了大真女子高等学校；1992 年在京畿道抱川市成立了大真大学；1994 年在京畿道城南市成立了盆唐大真高等学校；第二年在京畿道高阳市成立了一山大真高等学校，在水西成立了大真电子工艺高等学校；等等。

　　1996 年，都典去世后不久，在釜山成立了大真电子信息高等学校。一个宗教团体在这么短的时间内陆续成立这么多教育机构，几乎是史无前例的事情。目前，忠北大真大学正在筹建当中。现在的大真大学占地 60 万坪，有 36 栋建筑物，拥有 4 个专科学院（人文社会科学、理、工、艺术）、41 个本科、1 个一般大学院、6 个特殊大学院（产业、教育、统一、经营、法务、信息技术）等。大真高等学校共有 45 个班。

　　另外，自 1976 年为 12 名学生颁发 36 万元奖学金以来，每年大幅增加奖学金额度，到 2002 年为 5922 名学生颁发了 32 亿元韩元的奖学金，26 年内给 9.4 万名学生颁发了 288 亿韩元奖学金。2003 年一年颁发了约 25 亿韩元的奖学金。

7）圆谷学院

天道教的忠实教徒安宽成理事长，为了继承已故独立运动家安赞福亲自实践的东学天道教思想和"3·1运动"精神，为了以广泛灌输"人乃天"思想来扶正民族正气，在釜山建立了东天高等学校。1978年才获得了正式办校许可，早在1930年3月即正式运营，2002年2月为止，共毕业了20届、14245名毕业生。

其校名是根据东学精神和天道教"陶冶人格"之意，取"东学天道教"之头字"东天"来命名的。"东"字，从民族角度来讲又标志着"东国"，即韩国；从方位来看又标志着"东方"，即日出；从五行看，属于"3·8木"，标志着草木的生长。而且"天"字在东方哲学中表示整个宇宙，标志着至高、至上、至大的尊严与权威。所以"东天"含有宗教的、哲学的、民族的意义。校训定为东学的道德律、韩民族的传统伦理道德，即诚、敬、信。安宽成理事长又建立了釜山艺术大学。1993年11月，圆谷学院经釜山艺术学校（专门大学）许可，设立了音乐专业、戏剧与电影专业等6门学科，招收了480名学生。1999年3月被承认为釜山艺术大学（校名为釜山艺术文化大学），招了13门学科700名学生，到2002年已毕业7届学生。

6. 医疗事业

1）圆佛教的西医院、韩医院

圆光大学的西医院和韩医院，都是为了培养提高国民保健水平、以最高新技术和医疗设施为该地区居民提供医疗服务而建立的医院，已成为了韩国湖南地区的中心医疗机构。目前，圆佛教经营的医疗机构有：医科大学附属医院（24 个诊疗项目、812 个病床）、牙科大学医院（7 个诊疗项目、20 个病床）、光州韩医院（8 个诊疗项目、30 个病床）、全州韩医院（14 个诊疗项目、140 个病床）。

1973 年同和医院（1957 年 10 月开院）改为圆光大学附属医院，1976 年 3 月又改称为韩医科大学附属韩医院。1977 年 1 月在光州广域市建立光州韩医院，第二年 9 月又开设医疗院。1980 年 12 月为纪念斯特林·西格雷夫，收购了一所综合医院，1989 年 11 月建立了全州韩医院，1991 年 7 月开设了急救医学中心，1992 年 9 月合并了医大附属医院和第二医院，1993 年 4 月建立血液院，1995 年 4 月开设了心血管中心。1997 年 4 月着手开发综合医疗程序，1998 年 10 月正式动工，1999 年 2 月开设了民众服务设施。

2）大巡真理会的济生医院

1992 年以 21 世纪"无病社会建设"为目标成立的大真医疗财团，于 1998 年 8 月在盆唐建立了具备最尖端医疗设备和医疗环境的济生医院。东豆川济生医院和高城济生医院正在建设之中。可以说，医疗事业是把解冤相生（解怨互利）、报恩互利的真理用于医疗事业以增进国民健康、建设福利社会的宗教理念的实践。2000 年与原州医大基督医院、峨山财团首尔中央医院缔结了支援协作关系。医院的现况如下：盆唐济生医院（京畿道盆唐区），有地下 4 楼、地上 8 楼，总面积为 16650 坪，有西医病房 23 个科、621 个病床；东豆川济生医院（京畿道东豆川市）有西医病房 23 个科、韩医病房 7 个科。2000 年动工的高城济生医院有地下 3 楼、地上 10 楼（总面积为 16934 坪）。

7. 福利事业

老人问题、青少年问题、女性问题成了现代社会的热门话题。一般来说，老龄人口占国家总人口的7%以上，就称这个国家为老龄化社会。英国早在1929年，美国于1945年，日本于1970年已步入了人口老龄化社会。2000年韩国老龄人口比重达到7.2%，也步入了老龄社会。虽然比别的国家稍晚，但其老龄化速度惊人。老龄人口的激增又引发了疾病与贫困、孤独感与疏远感等一系列社会问题。较早开始关注老人问题等社会问题的教团是圆佛教和大巡真理会。

1）大巡真理会的相生福祉会

大巡真理会以解冤相生理念为指导，为开展三大基本事业（救济慈善事业、社会福利事业、教育事业）中的社会福利这重要一环而设立了福祉法人。社会福祉法人相生福祉会是于2001年5月成立的。它是以1951年建立的福利机构为基础而成立的。接着，重新组建经营班子，为国家和社会的福祉事业做出了贡献。在骊州郡陵西面旺垈里经营了儿童养育机构"我们家"、老人居住福祉机构"黄金山谷"、老人休假福祉机构"黄金山谷度假村"、老人医疗福祉机构"互利疗养院"等。

＊老人居住福祉机构"黄金山谷"的设施现状如下：

位置：京畿道骊州郡陵西面旺垈里972—15

机构现状：地皮面积3009.8坪，建筑面积449.1坪，总面积3418.64坪。

＊"我们家"（儿童养育机构）现状如下：

表2　　　　　　　　客房现状

项目	免费养老院					备注
	2人间	韩式	西式	豪华间	套间	
客房数	64间	46间	20间	16间	4间	150间
面积（坪）	14	25	25	28	43	

位置：京畿道骊州郡陵西面旺垈里972—4

机构现状：地皮面积4613坪，建筑面积1375.09坪。

职员数：22名（院长1人、总务1人、生活指导教师1人、护士1人、保育员15人、炊事员1人、洗衣工2人）

建筑物现状：儿童养育建筑物13栋、儿童宿舍4栋、食堂1栋、医务室1栋、仓库2栋、淋浴室1栋等。

大巡真理会以大巡真理会的解冤互利的精神和韩国"诚、敬、信"的传统价值观为基础，建立了社会福祉综合服务体系，同时也创造了为休息和提高生活质量服务的诸多度假设备及文化环境，并导入能使它们互相促进的体系，成为21世纪型福祉文化共同体，即综合社会福祉中心。

他们为了体现综合福祉中心的特性，用法人和国家的补助来运营"我们家"，收养需要保护的1—18岁的儿童74名，22名职员负责培养他们的自立能力，并教育他们成为健全的社会人。"黄金山谷"是免费照顾163位单身老人的机构，让老人们感到家的温暖。其目的是促进市民对社会福祉的关心和参与，提高容易被忽视的老人们的生活质量。

该教团还设立了老人医疗福祉机构——老人专门疗养院，为需要保护的痴呆、中风等老年疾病患者提供疗养和康复治疗，加强他们的自我保护能力，同时进行各种咨询和各种治疗，为老人的福祉与健康而努力。另外在始兴市正往洞建立了名为始华相生综合社会福祉馆的社会综合福祉机构，通过综合性社会福利事业，引导低收入阶层向中产阶层发展，预防和治理地域性社会问题，从而为地域社会的发展做出了贡献。现在韩国有64万单身老人、137万低保领取人、1.4万吃不上午饭的儿童。他们都急需得到保护。

2）圆佛教的慈善活动

圆佛教在"照顾绝对弱者"的旗帜下，在包括福祉机构在内的教团内所有建筑物里设置了照顾残疾人的设施。圆佛教除了教化、教育、慈善三大事业之外，还有圆佛教人权委员会、天地报恩会、韩民族生活运动本部、圆佛教奉供会、圆佛教青云会、圆佛教女性会等。

特别是为了强化军队内部生活和精神力量，1999年开始开展了"赠送报恩书"活动。此运动的权道圆本部长为全国100多个部队筹备了图书馆。另一方面，社会福祉法人三同会在首尔、釜山、大邱、光州、全州等地开设了社会综合福祉馆，为社会综合福祉而努力。另外还在济州、长水、群山、全州、高敞、涟川、华川等地建立了专门的老人疗养院，致力于老人福祉事业。而且，在首尔的益山设立了残疾人综合福祉馆、在全州设立了痴呆专门机构，无私地为他们服务。社团法人三同青少年会运营首尔、釜山、大田、莞岛、珍岛等地的青少年修炼院，而且还在代案中学、高中和新建的灵光、庆州、马山、金堤、龙仁等地的学校开展了真教育。

3）其他活动

最近，韩国女性运动的先锋——天道教女性会本部，为迎接女性会创立80周年（2004.3.25），准备出版《天道教女性会 80 年史资料集》。天道教首尔教区女性会每年秋天都举行一日茶馆和慈善会出售女性会员和同仁捐赠的衣物和可回收用品。其收益和捐款用于年底的敬老孝亲活动、补助中学生、高中生的活动、帮助不幸的教友活动、慰问养老院老人等活动。

除此之外，韩国民族宗教协议会每年组织一两次为期 4 天的"民族宗教青壮年修炼大会"，为给年轻人注入民族意识，使他们形成健康的人生观、宗教观、社会观、国家观而努力。

8. 海外教化及开拓事业

1）圆佛教的国际教化

早在 1935 年，圆佛教在日本大阪开始了国际教化运动，可是在日本只坚持了 1 年。此后，光复和"6·25"时期，以 1959 年圆光大学朴光田校长巡访欧美和东南亚为开端，正式开始了国际教化事业。即圆光大学的海外传教所以全八根所长为中心进行间接的教化活动。

圆佛教的全面国际教化，是从 1972 年两个教务渡美并在芝加哥、洛杉矶取得了宗教法人登记证后开始进行的。

2003 年（圆纪 88 年），圆佛教在美洲东部教区、美洲西部教区、欧洲教区、日本教区、中国教区等 5 个教区的美国、中国、日本、加拿大、德国、法国、澳大利亚、俄罗斯、阿根廷、南非、尼泊尔、柬埔寨、斯威士兰、新西兰、英国等 15 个国家设立了教堂和相关机构，有 102 名教务人员（包括 1 名院务人员）在活动，另有 20 余名教务在世界各地留学。

2）大巡真理会的海外农垦事业

大巡真理会的互利福祉会把视野拓展到了海外，2002 年为了保障经济，收购了韩国国际组织100％的股份，公司更名为"相生营农有限公司"，在俄罗斯的海参崴设立了事务分所"相生营农"，负责签订合同，收购了表3中的2个农场。

表3

农场名		相 关 设 施
大顺农场	位 置	在俄罗斯沿海，离海参崴市有250公里路程，约4小时车程。
	农场规模	田7153公顷（约2200坪，首尔汝矣岛的8.5倍）
	营农规模	委托营农（4万美元），直接营农100公顷
	人员数	除农场场长外有30人
	设施	灌溉设备423公里/水陆管道306公里/道路326公里/储油设施/储藏谷物、脱谷、保管拖拉机等设施和水利设施等
卢比诺夫卡农场	位 置	在俄罗斯沿海，海参崴市有220公里，约3.5小时车程。
	农场规模	20000公顷，鹿场
	营农规模	黄豆109公顷、小麦84公顷、燕麦59公顷、大麦84公顷
	人员数	除农场场长外有36人
	收获情况	黄豆：79公顷产42.5吨（精选后36吨）；小麦：84公顷产89吨（精选后72.1吨）；燕麦：47公顷产38吨（精选后35吨）；大麦：67公顷产101吨
	设施	耕地3780公顷、林地16586公顷、鹿230头、农机：拖拉机3台、车5辆

这两个农场都是规模超乎想象的大农场，大巡真理会与他

们签订了长期租借合同，将来还准备收购几家农场。这样的大规模的海外事业，在民族宗教活动中是比较罕见的。

9. 民族宗教协议会的宗教间互利协助事业

1) 宗教间的相互理解和联系

韩国民族宗教协议会于 1997 年 3 月 18 日，为了加强不同宗教之间的对话、合作与共同繁荣，参加了 7 大宗教（佛教、天主教、改新教、天道教、圆佛教、儒教、民族宗教协议会等）创立的韩国宗教领导人协议会。韩阳元会长被选为共同代表，他为了宗教之间的联系和国民和谐等事业做出了积极的贡献。

韩国民族宗教协议会还参加由韩国 7 大宗教组成的"韩国宗教人和平会议（KCRP）"的国内外活动，而且还参与宗教之间的和解与国民和谐运动。

韩阳元会长还担任为发扬灿烂的民族传统文化、宣扬民族正气而创立的"民族正气宣扬协议会"的共同代表。此协议会的高级职员有宋月珠共同代表议长、韩阳元会长、金蒙恩神父、前任天道教教领金光旭、金性洙主教、前任成均馆馆长崔根德、前任圆佛教教政院长赵勤根等 7 名共同代表。该协议会加强了宗教领导人之间的联系，也为国民和谐运动起了先导作用。

2) 为弘扬韩国宗教文化的国际活动

协议会的韩阳元会长受"联合国世界和平首脑会议"之邀请，作为韩国宗教代表团的一员参加了 2000 年 8 月 26 日至 9 月 3 日在美国纽约联合国本部召开的"联合国新千年宗教及其领导人、灵性领导人世界和平会议"。韩国代表有姜元龙基督学院名誉理事长、宋月珠前佛教曹溪宗总务院长、韩阳元韩国民族宗教协议会长、崔昌奎成均馆馆长、金东完 KNCC 总务、田云德天台宗总务院长、高银诗人等 15 人。此次会议分为解决纠纷、宽容与和解、贫困救济、环境保存等 4 个主题，进行了分组讨论。通过此次会议，代表们体会到了要消除宗教之间的矛盾和纠葛，首先应该遵循双赢的哲理，而且深感在共生时代里宗教人应起模范作用。

并且，韩阳元会长从 2000 年 10 月 20 日至 22 日，参加了在纽约希尔顿饭店召开的全世界 105 个国家（500 余名）领导人参加的"市民社会对新千年首脑会议的反应"为主题的国际大会。在这个国际大会上，韩会长同世界宗教首脑一起谈论了消除病劫、矛盾、纠纷的国际性问题。之后，在美国纽约接见了旅美韩民族宗教教人代表，向他们传达了国内消息的同时，也要求并鼓励他们热爱自己的祖国。

附　录

韩国民族宗教协议会创立宗旨

太极肇判，乾为阳以开天，坤为阴以辟地。天地间受理气而造人，圣人辈出，承天之道而立太极，天地是以大自然的公道理顺阴阳四时，创造万物之主；圣人是效法天之道、地之德，摄理公道，救济生灵，乃教化创世之主。

故上天是无言的圣人，圣人是替天地代辩。上通天文，下察地理，中察人事；宇宙古今大通一元，济世济民。

吾族乃桓雄降临白头山，开神市，施神政；檀君圣祖开国于阿斯达，以德化理天下。其表象为弘益人间、在世理化。

吾倍达民族的历史如此悠久，文化如此灿烂，历代诸王祖治化、教化的渊源皆可从神市和阿斯达的始源文化中寻觅到。此乃理所当然之事。

檀君圣祖是遍布于南北满洲和海东青丘及世界各地的吾姓宗族之根本，是吾族历史的胎始，是吾族精神的源泉。

自檀君圣祖创业以来，吾族受益于天神的保佑，三才既安，锦绣江山是天下之状元，明哲人不绝，古今文化灿烂，淳和人心，誉颂为礼仪之国。

惜近世始，远离圣人时代，不见仁贤教化，圣经贤传之教化陵夷，伦理道德永绝，善恶不分，正邪未判，是非不清，东西洋陷于混沌之中。

时事既此，定有圣人出世。上天体吾国吾民造圣人，立新教，树吾族依托之柱，指明向往之标识，定更生之法度。彰明胜苦难、享荣光之大道的韩国民族宗教，是怀有救国济民与人类和平之大志、承自上古传承下来的固有宗教思想之脉、提示新宗教思想的同族之兄弟教团。

虽诞生的年代和所处时代略有不同，所觉悟之内容及视角相异，但作为白衣道人，以救济同族兄弟乃至全人类为使命的民族宗教的创始人，是在外来宗教文化思想冲击下、通过其间的生活体验和积累牢固树立吾族乃此国土之主人之意识以及人生观、世界观、宇宙观的伟大的先驱者。

今日，在国家和民族面临患难之时，在迫切要求弘扬泛国民性的民族主体思想的时候，作为民族主体思想的根基和核心的韩国民族宗教，结成协议体，成为确立民族正统思想和增进国利民富的表率，是为实现赋予韩国民族宗教全体的重大使命而迈出的第一步。

审视时运，构筑万教归一之基地，需开展对内贡献于民族文化的创造、对外贡献于世界和平进程的真正的宗教运动，牢记创建吾民族宗教的诸圣之圣训，为振作民族正气、修筑人类和平之大道而创立韩国民族宗教协议会。

檀纪 4318（1985）年 11 月 16 日

韩国民族宗教协议会筹备委员会

传统精神文化对于国民
运动的实践宪章

　　我们坚持民族宗教所倡导的继承悠久历史和辉煌的传统精神文化的精神，尊重生命的尊严及人的尊严，实现社会统一，培养共同体意识，最终为民族统一和世界和平做出贡献，为此特制定本实践宪章。

　　一、我们继承崇高的民族传统文化，实现道德理想社会。

　　二、我们向国民广泛宣传生命的尊严及人的尊严，实现人与人之间情同手足的互赢文化。

　　三、我们是坚守民族灵魂的群体，我们加强民族整体性，追求和平原则下的民族和解，率先参加民族统一运动。

　　四、我们为迎接天、地、人的开天辟地，以诚、敬、信坚持自我修炼。

2003.4.25

坚守民族灵魂国民运动本部

社团法人韩国民族宗教协议会

人类共生和平宣言

　　借"2003民族宗教传统精神文化全国巡回讲演会总结大会"的机会，在此想指明各民族和人类将来要走下去的共生和和平的新方向。虽说20世纪的冷战已结束，但是世界各地还是枪炮声不断，人们依旧处于战争的威胁中，感到不安。而且，因意识形态上的矛盾，民族之间、种族之间、宗教之间的纠纷和对立随处发生，而世界上最受这些威胁的地区就是朝鲜半岛，所以我们应率先防止这深刻的危机发生。

　　今天，人类社会经受着许多变化。信息产业日新月异的发展，越来越拉近了地球村各邻居之间的距离，已经可以在同一时间内接受同一信息，享受共同的文化生活，不受国境的限制。

　　就这样，人类的生活文化已在世界各地变为共享的生活文化，但政治的、宗教的、意识形态的隔阂却越来越严重，这是我们人类不得不面对的现实。即集团利己主义、国家霸权主义、宗教优越主义等成为妨碍人类发展进步的最大的障碍。所以，我们有义务提出人类能够互惠共存、共同和平繁荣的对策。

　　目前世界的时局是，西势东渐的相克运行不通，东势西渐的相生运行已在东方升起。在相克时代，只有适者才得以生存、弱肉强食才能得到发展。但在相生时代里，适者生存、弱肉强食却成了拿石头砸自己脚的愚蠢做法。在像现在这样的对立与矛盾的相克构图下，再也不能实现民族的统一或人类的和平，所以我们应该结束相克的构图，确立新的共生价值观。新的共生价值观，与把地球村建设成和平世界的人类普遍价值相一致。民族宗教的各位创始人，早已把这种和平世界称为"地上天国"、"地上仙境"、"理化世界"，虽然表述不同，但都表达了对这个世界的热爱和人类不变的真理。

因此，我们想把我们民族宗教的共同目标、人类共同希望的这个理想世界称为"共生和和平的共同体社会"，为了实现这一理想，我们宣言如下并付诸实践。

一、我们要结束对立和矛盾的相克社会，走向和解与共存的相生社会。

二、我们要觉悟自然和人类是有机的生命体，营造天地人合一的世界。

三、我们反对一切战争，通过非暴力的、利他的和平运动加强人类社会的连带。

四、我们帮助学校和家庭，使其成为实现"共生和和平的共同体社会"的教育场所。

2003.11.21
坚守民族灵魂国民运动本部
社团法人韩国民族宗教协议会
会长：韩阳元
民族宗教会员教团全体成员